高校“三全育人”开展路径探索与创新

吴坤埔　彭　杨　著

西北工業大學出版社

西　安

【内容简介】 本书内容包括高校“三全育人”工作的内涵、高校“三全育人”工作的理论基础、高校“三全育人”的工作方法研究、高校“三全育人”工作管理研究、高校“三全育人”队伍建设研究、“三全育人”工作的组织路径以及高校“三全育人”的文化路径等7章。

本书可供从事相关工作的人员阅读、参考。

图书在版编目（CIP）数据

高校“三全育人”开展路径探索与创新 / 吴坤埔，彭杨著. — 西安：西北工业大学出版社，2021.7（2025.1重印）

ISBN 978-7-5612-7836-9

Ⅰ.①高… Ⅱ.①吴… ②彭… Ⅲ.①高等学校－思想政治教育－研究－中国 Ⅳ.①G641

中国版本图书馆CIP数据核字(2021)第152265号

GAOXIAO "SANQUAN YUREN" KAIZHAN LUJING TANSUO YU CHUANGXIN

高校“三全育人”开展路径探索与创新

责任编辑：潘 璐
责任校对：李文乾
出版发行：西北工业大学出版社
通信地址：西安市友谊西路127号　　邮编：710072
电　　话：（029）88493844　88491757
网　　址：www.nwpup.com
印 刷 者：北京市兴怀印刷厂
开　　本：710 mm×1 000 mm　1/16
印　　张：12.25
字　　数：204千字
版　　次：2022年1月第1版　　2025年1月第2次印刷
定　　价：79.00元

如有印装问题请与出版社联系调换

前　言

习近平总书记在全国高校思想政治工作会议上指出，"要坚持把立德树人作为中心环节，把思想政治工作贯穿教育教学全过程，实现全程育人、全方位育人"，努力开创我国高等教育事业发展新局面。

"全员育人"，要求全体教职员工都要成为"育人者"，其一言一行、一举一动都要履行育人之责，产生育人之效，实现育人无不尽责。"全过程育人"，要求将立德树人贯穿高校教育教学全过程和学生成长成才全过程，实现育人无时不有。"全方位育人"，要求将立德树人覆盖到课上课下、线上线下、校内校外，实现育人无处不在。

党的十九大以来，聚焦实现全员全过程全方位育人，教育部启动"三全育人"综合改革试点，指导建设 32 家省级高校网络思想政治教育中心，培育建设 20 个思想政治工作创新发展中心、40 个思想政治工作队伍培训研修中心，大力推动理论创新和实践探索。在各地各高校的共同努力下，"三全育人"呈现出生机勃勃的崭新局面。高校要将立德树人作为立身之本，着力构建"三全育人"工作体系，不断提升人才培养的针对性和实效性，切实肩负起培养德智体美劳全面发展的社会主义建设者和接班人的神圣使命。为了更好地推动当前"三全育人"工作的开展，为我国人才培养事业建言献策，笔者总结多年的教学经验和育人心得，完成了此书。

本书从高校"三全育人"工作的基本内容入手，从不同的角度对高校"三全育人"工作进行了分析和研究，主要内容包括：高校"三全育人"概论、高校"三全育人"的理论基础、高校"三全育人"的方法研究、高校"三全育人"管理研究、高校"三全育人"队伍建设研究、高校"三全育人"的组织路径以及高校"三全育人"的文化路径。

在编写本书的过程中，参考了同行专家、学者的相关著作、论文，吸取了许多有益的成果，谨致诚挚的谢意。

限于水平，书中难免存在不足与疏漏之处，敬请同行专家、学者和广大读者批评指正。

著　者

目　录

第一章　高校“三全育人”概论

第一节　高校“三全育人”的内涵及提出

“三全育人”有着丰富的内涵，追溯它的提出及演变过程，我们可以发现其内涵是随着时代的发展而不断更新和丰富起来的。

一、“三全育人”的内涵

“三全育人”既是一种教育理念，也是一个全面系统的育人指导思想和原则。由于“三全育人”多以口号的形式见诸于文中，因而学者们对于“三全育人”的概念并无一个一致的界定，偶尔触及的也只是从某一个角度对其进行阐释。基于此，笔者在总结学者们关于“三全育人”概念的基础上，试图对其进行一个界定。笔者认为，“三全育人”应从广义和狭义两方面去理解，从广义上而言，“三全育人”是一种教育理念，并非仅仅局限于德育这个范畴之内，不能将它简单地等同于德育指导思想。我们常把它和德育联系起来，是因为它的内容非常贴切德育的要求，应用于德育实践更能取得成效。从狭义上而言，“三全育人”主要是一种德育理念，它强调在德育这个体系内，从“全员”“全过程”“全方位”来调动德育各方面的力量，齐抓共管，共同协作，构筑一个德育立体结构，形成一股强大的德育合力，发挥德育实效性。

（一）“全员育人”

“全员育人”即人人育人，主要是从育人主体而言的，强调每个人都要有育人意识，树立育人责任感，在自己的本职工作上发挥育人的职能，并相互配合，交叉合作，形成一股强大的育人合力，构成完整、全面、和谐的大学生思想政治教育工作体系和格局。这里的“全员”主要指高校里的全体教职员工。

（二）“全程育人”

“全程育人”主要是从时间上而言的，它强调育人要贯穿大学生学习和成长的全过程，要认真研究大学生从高校入学到高校毕业每个阶段的特点及其身心发展规律，以及大学生每个阶段所面临的实际问题，有针对性地规划从低年级到高年级不同阶段的思想政治教育的工作重点和方法，促进大学生思想政治教育的发展。

（三）“全方位育人”

“全方位育人”主要是从空间上而言的，它强调育人要体现在促进大学生全面发展的各个方面和环节，育人工作者要根据大学生的学习和生活实际，将显性德育与隐性德育相结合，通过有形的或者无形的手段把思想政治教育渗入他们学习和生活的各个环节，渗透到教学、管理和服务的各个方面，使大学生形成良好的思想品质和素质修养，促进大学生全面发展。

二、“三全育人”的组成要素

（一）人员要素——全员育人

人员要素，即全员育人，指从人员开始进行整合，全体教育工作者都应自发自觉地承担起育人责任，发动全部育人力量，包括学生自己也参与到育人工作中来。传统的育人理念认为专业任课教师就应该传授知识，而德育工作和思想政治教育工作则是班主任、辅导员或思政课教师的责任所在。全员育人使育人主体扩大到高校里的全体领导干部、教师和职工团队，从注重传授专业知识延伸到重视学生人格的正确形成和良好思想道德品质的培养，是对育人主体的突破创新。全员育人要求高校中所有教师和工作人员，甚至家长、社会等多个方面的力量共同参与，产生上下联动的效应，体现学生与教职工之间的良性互动，形成人人参与、与外界产生联系的开放式育人格局。在学生的日常学习和生活中，完成全员育人的目标离不开管理育人和服务育人的方法，管理服务人员对学生表现出的关心、爱护和尊重，能够起到感化教育的作用，让学生在校期间的学习和生活需要更容易被满足，精神文明建设的地位也更加突出，为“三全育人”总体规划的施行奠定良好基础。

（二）时间要素——全过程育人

时间要素，即全过程育人。联合国教科文组织在《学会生存：教育世界的今天和明天》中就提出了发展终身教育的思想，这是教育史上一个具有历史意义的里程碑。同样，育人并不是一蹴而就，而是一场需要各方面协调参与的“持久战”，需要较长的时间才能看到成效，必须连接学生从课上到课下、从入学到毕业的全部过程，否则就只是提出了一个形式、一个口号，而无法达到真正的育人目的。“三全育人”中的全过程育人体现了育人工作的长期性特点，补充了育人工作的留白期，提高了育人效率。作为“三全育人”的组成部分，全过程育人主要是从时间的维度上进行育人，它以大学生成长发展的过程为主线，即从入学开始一直到毕业离开学校为止，在这其中全程都要对大学生进行思想政治教育。这是对以往育人模式中的时间要素进行了延展，还蕴含着“三全育人”的长效性内涵。全过程育人还提倡根据处于不同身心发展水平和发展阶段的学生进行有针对性的教育活动，调整相应的教育内容和教育方法，体现了“三全育人”的连续性。

（三）空间要素——全方位育人

空间要素，即全方位育人。它是指从不同的角度和维度出发，运用多样化的手段和方法，覆盖育人工作的方方面面，在帮助学生掌握专业知识技能的同时，锻炼适应社会的才智，塑造新时期立德树人的教育目标要求学生具备的社会主义核心价值观，全方位、多角度、宽领域的提高大学生的综合素质。全方位育人强调的是将教育教学、管理服务、实习实践、思想文化、网络资源等多方面育人因素集合于一个广阔的育人空间，一切能对受教育者的道德品质养成产生影响的直接要素或间接要素都包含在其中。高校的物质环境和精神文明会对受教育者产生双重的育人作用，校内基础设施、生活学习场所、治学理念制度、科研学术风气、社团文化活动等，都会内化为育人的方法和途径，深深根植于全体师生的行为表现中，这种物质文化和精神文化的双重影响是达到育人成效的重要因素。

（四）“三全”之间的关系

“三全育人”是一个各要素之间相辅相成、缺一不可的有机整体，全员育人、全过程育人和全方位育人是这个体系的三根支柱，三者之间既有联系又各有侧重。

（1）全员育人、全过程育人和全方位育人之间有着内在联系。如果把“三全”放到一个立体坐标图中看，那么全员育人就是它的立坐标，代表育人主体的多样性；全过程育人则是其纵轴坐标，代表育人的时间范围；全方位育人则是这个立体中的横向坐标，代表育人的空间范围。“三全育人”

中的各个要素之间存在差异，但本质都是为立德树人这个目标而服务，它们相互补充、互相吸收，扩展成一个宏观立体的系统，任何一个要素的缺失都会造成“三全育人”难以支撑起来的局面。

（2）从相互区别的角度来看，“三全”的各个要素又有不同的侧重点。

全员育人是从育人主体的角度出发，规划了实施育人工作的队伍建设。育人队伍的力量是否强大直接决定了育人成果的好坏，如果没有优秀的育人队伍发挥核心作用，那么再宏伟的育人目标都难以实现，再科学的育人规划也是海市蜃楼。

全过程育人则侧重于育人的时间。首先，思想政治教育工作绝对不是一蹴而就的，而是贯穿于学生学习和生活中的点点滴滴，是在长线的教育过程中慢慢积累起来的，因此在教育教学的全程都不能有丝毫的松懈；其次，育人是一项长期的系统工程，要关注处于不同阶段的学生身心发展的特点和规律，学生从入学教育到毕业不同时期所呈现出的思考方式、关注点不同，因此要根据这些差异来设计课堂教学和思想指导的内容。

全方位育人的重点落在育人的空间和范围上，力求培养德智体美劳全面发展的大学生，认为育人不仅仅是传统育人目标要求的教授学生专业知识和培养优秀品质，更要注重学生独立人格和兴趣爱好的培养，破解传统育人方式的狭隘性，将学生放在首要位置。育人主体究竟要从哪些领域和范围详细开展育人工作，如何使用相应的育人程序和方法等问题，都是全方位育人所要回答的。这既是当代素质教育的目标和要求，又是“以人为本”在教育工作中的着实体现，真正地让学生享受到自由发挥的空间，从而最大限度地挖掘自己的潜能，成为一个既拥有专业技能又富有高尚道德品质的独特的人。

三、“三全育人”模式的基本理念

我们了解了“三全育人”德育模式的基本含义，有必要进一步探究其基本理念，以全面、完整地理解“三全育人”德育模式的丰富内涵。

（一）以“育人”为核心，重在整合

人是教育的出发点，也是教育的归宿。因而“育人”在德育体系中应当处于中心位置。“三全育人”德育模式由全员育人、全过程育人、全方位育人三个要素构成，这三个要素围绕“育人”这个核心点相互联系，相互依存，从而构成一个有机、有序、和谐、完整的整体。育人既是“三全育

人”德育模式的出发点，也是它的归宿，占据这个德育系统的核心位置。育人在“三全育人”德育模式内处于提纲挈领的地位。其他三个构成要素都是以育人为中心，都是为了实现育人这个目标而服务的。它们的最大目的是最大限度地挖掘潜在的或者现实的德育资源，并将其整合起来，形成一股合力，以便更好地实现育人这个目标。如果没有育人这个核心点，那么“三全育人”模式也就成了一盘散沙，没有方向和目标，也没有任何构建的价值和存在的意义。育人的成败，实际上是对“三全育人”德育模式构建的成败与否的检验。“育人”对于“三全育人”模式的重要性，无异于经济建设对于社会主义现代化建设的意义。总之，“育人”是“三全育人”德育模式的重心和归宿。以“育人”为核心，实质上也是以人为中心，以人为本理念的体现。

（二）全员调动，齐抓共管，形成教育合力

当今教育舞台上，多种多样的德育模式不断地进行演变，它们说明了我国德育研究正在绽放其蓬勃旺盛的生命力，推动我国德育事业不断向前发展，但是我国德育实效性不足的问题仍然存在。德育实效性不足是由复杂的综合因素所致，但是德育合力的缺乏却是最主要的因素。“三全育人”德育模式，提出全员育人，通过调动所有人员参与德育工作，形成以党委为统一领导，各部门齐抓共管的新时期思想政治工作格局。形成强大教育合力，这是以往其他模式所缺乏的，它既是“三全育人”德育模式最大的特色和闪光点，也是其构建的价值所在。过去我们一直存在一个观念误区，认为德育仅仅是思想政治教育教师的职责，其他的任课教师只要完成自己的教学任务就万事大吉了，而思想政治教育教师在进行德育工作中，也往往采取传统的灌输方式，使学生对老师所传授的规范、准则仅仅是被动接受，甚至产生抵触、逆反情绪，大大降低了德育效果。当今交通运输、信息通讯尤其互联网的高度发展，为促进经济、科技、文化、教育等各方面在全球范围日益频繁的交流提供了便利，信息的交流日益便捷使得人们仿佛生活在跨越国界的地球村落里，信息的便捷获得消除了人们交流的障碍，但各种思潮和文化的激荡也更加猛烈。对新事物敏感的大学生极易受到海量未过滤信息影响，因而仅仅靠思想政治教育教师单方面的思想教育是微不足道的，必须将全部人员调动起来，才能全面地了解到学生的思想特点，及时解决其出现的问题。全员调动，一方面能激发教育者进行德育工作的积极性，另一方面能通

过不同部门及德育工作者之间的分工合作，向着共同的德育目标协作，无形中凝聚成强大的德育合力，从而增强德育的实效性。

（三）全程跟进，上下联动，抓好大学生教育的关键点

德育是塑造人的灵魂的伟大工程，而由于人的思想观念具有易变性、不稳定性、隐蔽性等特点，以及受教育者原有的价值观念，环境对受教育者的影响等多种因素，使教育者对受教育者所传授的价值观念、道德准则等内化为受教育者自己的价值准则需要有一个过程的，不是短时间内就能完成的任务。德育的最终目的是受教育者将内化的价值规范外化成行为，并形成良好的行为习惯，进而形成稳定的品质。“三全育人”德育模式通过全程育人这一构成要素，鲜明地突出了育人的全程性。通过全程跟进，并抓住大学生习惯的关键点进行针对性的教育，既保证了育人时间的充足，又突出了重点，有的放矢，从而能更好地帮助学生顺利度过成长过程中的转折点，如入学适应期离校就业期等。大学生在这些转折时期很迷茫，也很焦虑，如果不能及时给予教育，部分学生容易迷失方向，浪费宝贵的时间荒废学业，有些甚至因负有严重的心理负担而产生心理疾病。而及时抓好关键点教育，能够帮助其解放思想包袱，使学生轻轻松松地学习，享受到学习的乐趣，促使学生身心健康发展。

（四）全方位展开，全面配合，促进大学生全面发展

确立好育人主体，仅仅说明德育工作才做好第一步。育人主体如何开展德育工作关系着德育目标的实现。人是德育的中心，德育的最终目标是为了促进人的健康、自由、全面发展。因此德育工作的开展应围绕人的全面发展而展开。我们也知道素质教育是教育者以培养、完善、提高人的全面素质为目的，有计划、有系统地将社会的要求转化为受教育者内在需要，促使其身心发展的教育活动。实现人的全面发展也是素质教育的题中之意。新时期的德育模式的构建不能忽视时代和社会发展的要求，素质教育是我国教育史上一次划时代的改革，德育所培养的人才应与素质教育的要求相契合。“三全育人”德育模式以人的发展为中心，以实现人的全面发展为目标，通过调动全部人员参与德育工作，运用多种手段和途径，从多种德育渠道着手，全方位地开展德育工作，从而促进大学生的身心健康发展，提升大学生的思想道德素质、科学文化素质、专业素质等，使大学生知识和能力都得到增长，同时健康、和谐地发展自己的个性，从而促进大学生全面健康地发展。

四、“三全育人”理念的演变过程

“三全育人”理念不是亘古就有的传统思想，也不是从国外吸收借鉴的思想，而是我国政治、经济及教育发展到一定阶段而产生的与我国国情相适应的特有的教育理念。因此，我们追溯“三全育人”的历史发展轨迹，就不能忽视我国政治、经济及教育发展这个大背景。基于对“三全育人”相关论文及著作的搜索，笔者在学者们研究的基础上，对其进行总结，并以时间为线索，将“三全育人”理念的演变过程划分为四个历史时期。

（一）初步萌芽期

“三全育人”这个理念在新中国成立初期就有了萌芽。我们知道教书育人古已有之。韩愈曾说：“师者，传道，授业，解惑也。”韩愈这里强调了老师的工作职责——传授知识和本领，解答疑惑。新中国从办学伊始就秉承了教书育人的古风，并且根据新的历史条件赋予了它新的内涵。新中国成立初期，国家百废待兴，新中国的建设对人才的需求非常迫切，以毛泽东为核心的党的第一代中央领导集体意识到教育的重要性和迫切性，对中国的旧教育制度进行了改革，确立了新中国成立初期“民族的、科学的、大众的文化教育”地位。1950 年 8 月 2 日至 11 日，中国教育工会第一次全国代表大会在北京召开，在与会代表的倡议下，提出了“教书育人，管理育人，服务育人”的口号。这一口号的提出，是对教育改革的一次历史性的超越，也是对教育模式的一种新的探索。它比“教书育人”理念所包含的内容更丰富、也更全面。新中国成立初期也正是以这种教育口号为导向，培养了一大批参与国家建设的栋梁之材。1957 年，毛泽东在《关于正确处理人民内部矛盾的问题》中指出：“思想政治工作，各个部门都要负责任。共产党应该管，共青团应该管，政府主管部门应该管，学校的校长教师更应该管。”这实际上就是全员育人思想的萌芽。

（二）复苏探索期

党的十一届三中全会之后，以邓小平为代表的党的领导人拨乱反正，正本清源，抛弃了“两个凡是”和阶级斗争为纲的错误方针，重新确立了实事求是的思想路线，教育界重新提出和恢复了之前的教育原则和理念。到了 20 世纪 80 年代中后期，教育战线又逐步形成了“教书育人，管理育人，服务育人”的“三育人”共识。邓小平强调指出“教育要面向现代化、面向世界、面向未来”，要培养有理想、有道德、有文化、有纪律的社会主义四有新人。三个面向和四有新人在一定程度上为我国的教育确立了目标。党的十四大确定我国经济体制改革的目标是建立社会主义市场经济体制，随着经济体制、政治体制和科技体制改革的深化，必须建立起与经济体制、政治体制和科技体制相适应的新的教育体制，只有这样才能适应经济和社会发展的要求。1996 年 10 月，党的十四届六中全会后，中国教育工会为了深化“三育人”活动，大力推进教师队伍建设和精神文明建设，中国教育工会四届七次常委会决定，在全国开展以加强师德建设为中心的“树师表形象，创文明校风，为实现跨世纪宏伟目标做贡献”的活动，使得“三育人”活动向新的深度和广度发展。1998 年评出了全国十大“师德标兵”，为教育战线精神文明建设起到良好的推动作用。

（三）蓬勃发展期

1999 年，中共中央国务院作出《关于深化教育改革，全面推进素质教育的决定》，这是从社会主义现代化建设全局和战略的高度，对我国面向新世纪的教育改革和发展做出的重要部署。江泽民同志提出要以培养学生的创新精神和实践能力为重点，努力造就“有理想、有道德、有文化、也有纪律”的德育、智育、体育、美育等全面发展的社会主义事业建设者和接班人。这个决定可以说是我国教育发展史上一个划时代的里程碑。它不仅对我国的教育目标提出了新的方向，即从应试教育转向素质教育，同时也对我国的教育模式提出了新的要求。在这一决定的指引下，学者们对“三育人”概念的不足进行总结，同时对“三育人”的概念进行了新的补充与阐释。如有提出“要更新旧的教育观念，改革对教书的理解”，教书不仅仅指传授学生书本知识，还应培养学生的创新精神和实践能力，同时“素质教育还应加强师德教育，提高教师的能力和水平是三育人工作新的工作内容。”①

此时已有学者很具体地提出了“三全育人”的实施途径，如“建立全员育人的网络系统，建立执行的机制和制度，实施两课，发挥党团支部和两校一会的作用，开展社会实践活动，做好新生入学，毕业以及主干阶段的思政工作等。”②

---

① 王文学. 对素质教育中加强“三育人”工作的思考[J]. 中国冶金教育，2000（3）：14-16.

② 李国栋，朱灿平. 坚持“三全”育人注重思想政治工作实效[J]. 党建与德育，1999（24）：14-15.

（四）成熟完善期

此阶段“三全育人”模式构建实施的途径和方式更全面，并根据新的形势提出了新的举措，同时研究的范围也更广泛。2004 年 8 月 26 日，《中共中央国务院关于进一步加强和改进大学生思想政治教育的意见》颁布，文件提出了进一步加强和改进大学生思想政治教育的指导思想、基本原则、主要任务和有效途径，提出了一系列新思想、新思路、新举措。如要“坚持教书与育人相结合”“坚持教育与管理相结合”“坚持教育与自我教育相结合”等基本原则，通过“服务育人，管理育人”“主动占领网络思想政治教育新阵地”等促进大学生全面发展。该文件是我国在新时期以党中央、国务院的名义下发加强和改进大学生思想政治教育的文件，它标志着党和政府在新的历史条件下深化了对大学生思想政治教育的重要性及科学性的认识，同时在它的指引下，学者们又掀起了“三全育人”的研究热潮。2005 年 1 月 17 日，胡锦涛同志在全国加强和改进大学生思想政治教育工作会议上明确指出了“加强和改进大学生思想政治教育是一项涉及方方面面的系统工程”“各高校要努力形成党委统一领导，党政群团齐抓共管，全体教职员工全员育人，全方位育人，全过程育人的工作机制”。这是党中央第一次在会议上明确提出“三全育人”的口号，尽管这种理念早就达成了共识。2018 年 9 月 10 日，习近平总书记在全国教育大会上指出“培养什么人，是教育的首要问题”。并强调，“我国是中国共产党领导的社会主义国家，这就决定了我们的教育必须把培养社会主义建设者和接班人作为根本任务，培养一代又一代拥护中国共产党领导和我国社会主义制度、立志为中国特色社会主义奋斗终生的有用人才。这是教育工作的根本任务，也是教育现代化的方向目标。”

第二节　高校“三全育人”的目标、原则及价值

一、“三全育人”的目标和原则

（一）以立德树人为根本

中国共产党第十九次全国代表大会的报告中明确指出贯彻党的教育方针要以落实立德树人为根本任务。

落实立德树人就要坚持教育的各个环节，各领域都要融入立德树人这个中心思想，做到时间、空间、人员、内容都无遗漏。“立德树人”的根本任务重在“德”，以德育人、以文化人。以立德树人为根本，就是要让各个体系都要围绕这个目标建设，教师要围绕这个目标进行教学，这样才能凝心聚力，取得实效。

（二）以理想信念教育为核心

高校“三全育人”教育要突出理想信念教育这一核心，通过对大学生的理想信念教育，引导他们树立共产主义远大理想和实现中华民族伟大复兴中国梦的共同理想，大学生才能肩负中华民族复兴的时代重任。当代大学生肩负着中华民族伟大复兴的民族重任，关系到中华民族能否屹立于世界民族之林。理想信念教育是大学生精神上的“钙”，如果没有理想信念教育，大学生精神上就会缺钙，就会得“软骨病”，理想信念教育要时刻以共产主义理想为最高奋斗目标，以实现中华民族伟大复兴的中国梦为共同奋斗目标。

（三）以核心价值观为引领

落实立德树人，需要把核心价值观作为思想政治教育工作的引领，引导师生树立正确的“三观”，同时还要提升师生的国家意识、法治意识和社会责任意识，推进民族团结教育、国家安全教育和创新意识教育，突出诚信教育，加快社会主义道德建设，全面提升师生道德素养。社会主义先进文化集中体现在社会主义核心价值观上，我们要用社会主义核心价值观引领当代大学生树立正确的人生观、世界观和价值观。

（四）以全面提高人才培养能力为关键

中国特色社会主义建设的新时代已经到来，全面深化改革的形势以及中国特色社会主义现代化建设的步伐，都对高等教育和新时代学生提出了更高的要求。对于我国的高等教育来讲，正受到以人工智能和大数据等前沿技术为标志的第四次工业革命的影响，我国的高等教育格局和人才的需求结构也都将随之发生改变。高校在人才培养的各个方面都要做出相应调整，以适应时代的发展变化。这就要求高校要提高人才培养的能力，培养人才的理念要强调人的全面发展、终身学习以及合作育人；着重强调人才社会责任感和创新能力培养的育人目标；人才培养模式要向多学科甚至是跨学科教育转变；方法手段要多样化，结合互联网、大数据等新兴教育手段，提高教学的组织能力。

二、“三全育人”的价值追求

服务于社会建设和人的发展始终是思想教育工作的鲜明特征，高校“三全育人”也不例外。从个体层面来讲，高校“三全育人”始终关涉人的精神成长，力求推动个体的社会化进程、实现立德树人的根本任务、满足人的自由而全面发展。从社会层面来讲，高校“三全育人”服务于新时代的改革深化，其目的在于提升高校思想政治工作质量、促进高等教育内涵式发展、维护社会秩序并推动发展。这两层六维的价值追求始终围绕着“人与社会”这两大逻辑点，呈现出层层递进、理想与现实交叉的基本形态。

（一）个体层面：以人的发展为逻辑起点

任何形式、任何事业的发展都离不开“人”这一最宝贵的因素，人的发展决定着社会发展的水平。因此，将人的发展确立为高校“三全育人”价值追求的逻辑起点，既是社会进步的现实要求，也是思想政治教育发展遵循的基本原则。

1. 推动个体的社会化进程

个体社会化是人的发展的第一步，是指个体在不断地学习与交往过程中，通过知识、技能的积累和运用，逐步适应社会环境并被社会所接纳，由自然人向社会人转变的过程。对于个体而言，社会化是生存和发展的内在要求。个体只有在与他人、社会群体的互动过程中形成“自我—他我”的关系复合体，才能成为适应社会建设的独立性存在。对于社会而言，若没有那些具备与社会发展相适应的知识、能力和素养的个体，社会就不能成为社会，也无法维持正常的运行。当个体的自我期待与社会期待逐渐趋于一致时，个体的社会化程度就达到了一种理想化的状态，个体与社会的和谐关系能够最大化地促进彼此的发展、进步。

众所周知，每一个个体在成长的过程中都会出现与主流价值或道德规范相左甚至相悖离的思想、行为。思想政治教育作为促进个体社会化的重要手段和基本途径，正是依据社会发展的要求引导个体在一次次纠正和自我教育中实现个体的成长，促使个体亲近社会、融入社会。一般来讲，思想政治教育促进个体社会化主要是指在思想政治教育活动中，对社会个体的思想、精神施加影响，促使个体形成与社会发展相一致的价值观念、道德品质、思维方式和行为规范，成为具有一定社会性特质的社会人。作为提升高校思想政治工作质量的建设策略，“三全育人”的主体与思想政治教育具有内在的一致性和统一性。因此，促进个体社会化同样是“三全育人”主体的重要职能和价值追求。

值得注意，高校内部个体的社会化不仅仅局限于青年学生，而是包括学员、教员、职员在内的全面、整体的社会化。对于学生群体而言，除了通过各种途径、采取各种方式获得社会生活所必需的知识、技巧和专业技能，学生还需要具备一定的沟通能力、合作能力、自我调节能力以及面对挫折的能力等，才能够良好地适应社会生产活动。尤其是在纷繁复杂的社会思潮中引导青年学生如何抵御和防范错误思潮的影响，选择正确健康的价值观、增强其政治文化意识，是“三全育人”的主体应该关注的重点内容。对于高校内部的教职员工而言，虽然已经具备了一定的社会生活能力和社会地位，但是其社会化进程远远没有结束，还需要在前期基础上继续学习、继续社会化。“三全育人”的主体作为全员育人的教育实践，同样需要关心和关注教职员工在面对自身生存现状、职业诉求和具体实践时的心理状态和情绪变化，及时进行相关引导和教育，促进其社会化的进一步“成熟”，使其能够更加明确育人责任，更好地完成育人工作。

2. 实现立德树人的根本任务

教育是不断引导社会个体认识事物、掌握规律并探索真理的实践活动。但是纯粹的知识集合并不能作为教育活动的逻辑起点，也不能作为个体发展的最终归宿。自古以来，人们常常以德论英雄，品德高尚的人为世人所称颂，美名远扬；品德低劣的人则被众人所唾弃，为人所不齿。可见，德行与智行往往相伴而生、互相影响。高尚的心性和品质不仅能够为行为活动保驾护航，更能够丰富和充盈个体的内心世界。同时，个体的道德水平对于社会的发展也至关重要。一个民族、一个国家，若多数成员具备较高水平的道德品质，社会矛盾与问题就会减少，人们的生活也更加和谐。正如习总书记强调的：国无德不兴、人无德不立。只要中华民族一代接着一代追求美好崇高的道德境界，我们的民族就永远充满希望。

对个体德行的培育归根结底就是要实现立德树人的教育目标。2016 年，习近平总书记在全国高校思想政治工作会议上指出，高校立身之本在于立德树人，要坚持把立德树人作为中心环节，把思想政治工作贯穿教育教学全过程，实现全程育人、全方位育人。党的十九大进一步强调要落实立德树人的根本任务，培养德智体美劳全面发展的社会主义建设者和接班人。这一战略定位不仅科学回答了我国社会主义教育事业“培养什么样的人、怎样培养人和为谁培养人”的根本问题，更是确立了新时代背景下高校加强和改进思想政治工作质量的根本任务。

立德树人是我国传统教育思想中的核心理念，“立德”与“树人”二者互为条件，辩证统一。立德树人，以德为先，讲究的是以“立德”为条件，以“树人”为目的的教育思维。立德树人是检验高校教育工作质量和成效的根本标准，其不仅要求教育对象具备一定的道德知识、形成一定的道德情感、承担一定的道德责任，更需要理解和掌握社会主义思想道德的核心内容、做出正确的道德判断、坚定社会主义道德信仰、自发形成高尚的道德行为，引导教育对象在日常生活和学习工作中向往和追求讲道德、尊道德和守道德的生活。

3．满足人的自由而全面发展

马克思强调人的自由而全面发展应是理想共同体（共产主义社会形式）的永恒主题和崇高理想，并且指出“每个人的自由发展是一切人的自由发展的条件”，这同我党我国在社会主义革命、改革和建设过程中始终将人民的利益放在首位是相一致的。思想政治教育作为根源于人的精神生产的实践活动，是个体的存在样态和活动方式，其在实现人的自由而全面发展过程中，发挥着关键性的作用。高校“三全育人”作为新时代思想政治教育的新理念和新举措，聚焦于每一个内部个体自我价值的实现，遵循着构建以人为本的现代思想政治教育的发展趋势。

人的自由而全面发展应该包含两个方面的内容。首先，自由而全面的发展是科学的发展、和谐的发展、可持续的发展。自由，代表着现代社会生活的理想状态和最高价值。马克思认为“自由”是人类个体生存实践的应然状态，是主体自我的充分展现，表现为一定的支配外部现实和内部自我的能力。简单来说，自由的发展是指个体在正确认识外部世界（自然界与社会）的基础上，能够合乎目的和理性地支配对象和自我的能力。在马克思看来，“全面”发展包括了身与心的全面发展、人的需要的全面满足、人的能力的全面发展、人与自然的和谐统一，涵盖了人与自然、人与社会、人与人及自我之间的方方面面。

但是，人的自由而全面发展并不是片面地、一味地强调个体主观意志，而是体现了人的发展与社会发展、物质发展和精神发展、个体外在价值和内在需求的辩证统一。人的发展是实现社会发展的前提条件，只有个体不断进步、蜕变，社会才能不断前进。反之，社会发展是实现个体发展的基本保障，社会营造着个体成长的生活环境，外部条件的提升必然有助于个体更加全面科学的成长。同时，人的自由而全面发展是随着人类在掌握客观真理、认识自我的进程中逐步得以实现的，是长期性目标和终极理想。以现阶段的不可实现性来否定人的自由而全面发展的合理性和科学性，是没有认识到人的发展与社会发展之间规律的偏见认知。

（二）社会层面：功能性作用的最大发挥

服务于中国特色社会主义国家建设和改革发展是教育现代化的现实要求。同样，高校“三全育人”也必须发挥其社会功效和建设功能，才能充分体现思想政治教育作为党和国家生命线的重要作用。

1．提升高校思想政治工作质量

为全面贯彻落实党的十九大精神和全国高校思想教育会议精神，中共教育部党组印发《高校思想政治工作质量提升工程实施纲要》，以当前高校思想政治工作领域中存在的短板弱项和不平衡不充分问题为焦点，力图在高校构建以“十大育人体系”为基础的协同育人机制和一体化育人体系，切实打通“三全育人”最后一公里，提升高校思想政治工作质量。这是因为，高校思想政治工作质量直接反映出高校思想政治工作的性能水平、发展程度、价值彰显和预设目标的达成等，深刻影响着人才培养的质量层次和高校发展的基本方向。

提升高校思想政治工作质量是《高校思想政治工作质量提升工程实施纲要》的出发点和着力点，也是“三全育人”的主体价值追求的现实旨归。只有不断提升高校思想政治工作的质量水平，才能充分真正发挥思想政治教育在人才培养中的引领作用。长期以来，我国高校思想政治教育过于专注规模扩张和思想灌输，“多投低产”的育人思维和育人方式不仅削弱了思想政治教育的质量和效果、打击了思想政治教育工作者的积极性，更是影响到了青年学生的思想道德素质和精神成长水平。新时代高校“三全育人”要求坚持育人导向、突出价值引领，将思想政治教育与学生成长成才规律、教书育人规律有机结合，在着眼于思想政治工作“量”的积累的同时更加注重思想政治工作“质”的提升，要求以“‘优质’‘精良’‘高效’为追求，更加自觉的树立以人为本、以德为魂、服务发展、全面综合的科学质量观。”[①]

科学的质量观不仅有助于提升高校思想政治工作的实效性，更有助于

---

① 沈壮海，董祥宾．论新时代高校思想政治工作质量的提升[J]．思想理论育，2018（8）：11-15．

提高人才培养质量，而人才培养质量的高低又直接影响着社会发展和建设的水平。社会个体在学习培养中成为人才，不仅需要具备专业的技能知识，要需要具备较高水准的思想道德素质，也就是说高校教育不仅需要智育、更需要德育。高校“三全育人”这一新的教育理念和实践策略以满足学生成长成才的需求为前提，全面统筹高校各领域、各环节的育人资源和育人力量，推动实现知识传授、能力培养与理想信念、价值理念、道德教育的有机结合，是提升高校思想政治工作质量的必要手段。

2．促进高等教育内涵式发展

党的十九大报告明确指出要加快一流大学和一流学科建设，实现高等教育内涵式发展。高等教育作为培育高素质社会人才的基本途径，肩负着人才培养、科学研究、社会服务和文化创新的多重任务。实现高等教育内涵式发展是党中央、国务院在新时期为推动我国实现从高等教育大国到高等教育强国转变的重大举措，努力使我国高等教育走上世界一流的行列，成为教育领域的引导者和领军者。

高校思想政治工作与高等教育工作紧密联系，二者互为表里，相互影响。高校思想政治工作渗透于高校教育工作的方方面面，是高校教育工作的重要组成部分，是引领教育对象形成科学的理想信念、价值理念和道德观念的主要手段。创新高校思想政治教育工作方法、优化教育内容供给、激活高校思想政治教育工作内生动力，对于高等教育内涵式发展具有极其重要的促进作用。高等教育内涵式发展也是提升高校思想政治工作质量的必要条件。高等教育在国家建设和民族发展的进程中占据着重要的地位，教育事业的科学化发展意味着教育资源配置的科学性、教育环境营造的合理性等，是滋养其他方面教育工作的优良土壤。

虽然高校“三全育人共同体”直接服务于提升高校思想政治工作质量的现实要求，但同时也间接性服务于高等教育内涵式发展的基本目标。统筹推进“双一流”大学建设、实现高等教育内涵式发展离不开高校思想政治工作的全面助力，高校思想政治工作的质量提升也离不开高等教育内涵式发展的实施保障。只有不断促进高等教育科学化、合理化发展，才能始终在人才培养中占得先机，为国家建设和社会进步提供强有力的储备力量。

3．维护社会秩序并推动进步

教育从来就不是孤立的活动，而是与社会经济、政治和文化发展紧密相连、相互作用的。教育对社会的影响不是即时性的，而是延时性的、渐变性的，这是因为人才培养的周期较长。思想政治教育作为培养社会人才的重要实践活动，其发展程度直接影响着社会建设的质量和水平。同样，“三全育人共同体”作为提升高校思想政治工作质量和促进高等教育内涵式发展的全新理念与育人格局，本身也服务于时代发展、社会建设和国家进步。从根本上来说，“三全育人共同体”从何种程度上满足社会发展的需要，不仅是其存在合理性和社会价值的体现，更是共同体的价值追求。

整体来看，“三全育人共同体”价值追求的最高层次在于维护社会秩序与稳定、推动社会建设与发展，主要是通过培养德智体美劳全面发展的社会主义合格建设者和接班人、培养担当民族复兴大任的时代新人来实现的。从经济建设角度来看，社会发展的根本动力在于生产力的发展，而生产力的发展又与人的发展紧密相连。换句话说，劳动者的素质在一定程度上决定了经济发展的质量和水平。高校“三全育人”坚持以育人为导向，为社会主义建设输送具有高水平科学文化素养和劳动技能、思想道德素质和职业道德的综合性人才，积极调动其在社会建设中的积极性和责任感。从政治建设的角度来看，“三全育人共同体”的重要价值在于培育具有强烈社会主义政治意识和主人翁意识的接班人，鼓励青年人坚定共产主义信仰，积极参与到国家建设中去，成为社会主义合格建设者。同时还要引导青年学生在复杂的意识形态斗争中保持清醒的头脑，能够有辨别地接受先进思想、摈弃消极思想。从文化建设的角度来看，高校“三全育人共同体”秉承着高校教育的部分职能，在继承和弘扬传统文化中发挥着不可忽视的积极作用。在思想政治教育过程中，我们不仅要批判继承传统文化，还要传播和弘扬优秀文化，着眼于时代精神对文化发展进行创造性转化，从而使优秀的传统民族文化获得新的生机与活力。

第二章　高校“三全育人”的理论基础

当代高校“三全育人”工作适应时代的新变化和当代学生的新发展，以科学发展观为指导，坚持以人为本、全面发展、灌输社会主义意识、社会主义精神文明建设的科学理念。高校“三全育人”工作要把大学生既看作实践的主体，又看作价值的主体；要坚持素质教育，推动大学生思想道德素质、科学文化素质和身心健康素质的全面协调可持续发展；要正确把握社会影响与学校教育的双向互动，整体性发挥学校和社会的一切育人功能，构建全员、全过程、全方位育人模式；要适应开放的环境和多元的时代特征，着力提升当代大学生面向社会、面向世界、面向未来的素质和能力。当代高校“三全育人”工作的基本理论基础则是马克思主义，最主要或直接的是马克思主义中的有关基本原理和理论。当代高校“三全育人”工作是一个创新性的实践活动和富于开放性的理论体系，这就使得在马克思主义理论指导下相关学科发展的最新科学理论成果也成为当代高校“三全育人”的理论依据。

第一节　马克思主义关于人的本质的理论

世界上的一切事物都在不断地运动、变化和发展着。人也是在历史上逐渐生成、不断发展的。然而人和动物不同，动物遵循着自然界自身的规律，在漫长的历史中缓慢地进化，但动物意识不到自身的存在和变化，也不会对自己提出发展的要求。人不仅每时每刻、方方面面都在发展，而且能意识到自己的发展，并对自己提出明确的全面发展的要求。这一切都取决于人是一种特殊的存在物，取决于人的本质即人之所以为人的东西，亦即人区别于其他一切事物的东西。人的全面发展的根据正是在于人的本质，人的发展说到底是人的本质力量的发展。

一、马克思主义关于人的本质的理论的概述

对人的本质的探讨，一直为古今中外思想家津津乐道。关于此问题的

论述有自然主义和唯心主义两大派别，前者将人的本质理解为生物的人的本质或具有感性外观的自然物，而后者将善或恶等一些理念赋予人的本质。在马克思主义产生以前，虽然对人的本质做了大量探索，但是并没有获得科学的解决。在人类认识自身的过程中，只有马克思主义才第一次达到了科学的水平，得出了人的本质是“一切社会关系的总和”的结论。在人的本质问题上马克思主义既不同于唯心主义者把人当作一种虚幻的精神性的东西，也不同于旧唯物主义者仅把人当作一种自然存在物。马克思主义在批判、继承以往优秀思想的基础上，立足于人的实践活动，揭示出人们在其中活动和生活的社会关系，从而把握到了人的本质的形成变化发展及其表现的现实基础，对人的本质作了精辟而科学的概括。在《关于费尔巴哈提纲》中，马克思明确指出：“人的本质不是单个人所固有的抽象物，在其现实性上，它是一切社会关系的总和。”[①]这个论述作为马克思主义关于人的问题的总纲，明确地告诉我们生产劳动决定着人的本质；人的本质是社会关系的总和；人在本质上是自然性、社会性和实践性的统一；人的本质既有共性也有个性，是共性和个性的统一；人的本质又随着历史的发展而发展等。

生产劳动使人们建立了社会关系，形成了人的本质属性——社会性。马克思说：“人的本质并不是单个人所固有的抽象物。在其现实性上．它是一切社会关系的总和。”[②]所谓“社会关系的总和”是多层次、多方面的结构。主要有经济关系、政治关系和伦理道德关系等等。经济关系也是生产关系，包括生产资料占有关系、人们在生产中所处的地位和产品分配方式。政治关系包括阶级、政党、国家、民族等关系。伦理道德关系，包括家庭、亲属、宗教关系以及师生、同事、邻居、朋友关系等等。社会关系的范围十分广泛，内容极为丰富，涉及经济、政治、法律、思想、文化、习惯等各个领域。这一切构成了“社会关系的总和”。在诸多社会关系中，生产关系占主导地位，对形成人的本质起决定性的作用。这是马克思主义关于人的本质理论的核心。

马克思主义关于“人的本质是一切社会关系的总和”的科学论断，为高校“三全育人”工作对人的思想的科学认识及其在此基础上开展的活动提供了理论指南。人的本质的自然性要求高校“三全育人”者必须对受教育者的心理实行一种确定的、有目的和系统的感化作用；人的本质的社会

[①] 马克思恩格斯选集：第 1 卷[M]．北京：人民出版社，1995：56.
[②] 马克思恩格斯全集：第 1 卷[M]．北京：人民出版社，1995：18.

性决定高校“三全育人”工作要努力营造良好的社会环境，而高校“三全育人”也是一项社会化的工作，需各方共同进行；人的本质的实践性决定高校“三全育人”工作必须立足实践、注重实效；人的本质的多样性决定高校“三全育人”工作要根据个体差异因材施教；人的本质的历史性决定高校“三全育人”工作需要不断发展和创新。

人的本质不是永恒不变的，而是发展变化的。人类社会的发展，同时也是人性的发展。马克思说，整个历史也无非是人类本性的不断改变而已。在生产力发展的不同阶段，生产关系有着不同形态。人的本质也有不同的表现。就单个人来说，人的本质也是可变的。正因为人的本质有可变性和可塑性，才使高校“三全育人”工作不仅必要，而且成为可能。

人的全面发展理论十分丰富，总体上包含以下几个方面：社会进步需要个人的全面发展；个人全面发展由生产方式的全面发展以及所受教育的条件所决定；人的发展大致经历了“人的依赖关系”“以物为基础的人的独立性”“自由个性”三阶段；人的全面发展体现于体力和智力的充分自由发展、人的才能的多方面发展、个人社会关系的高度丰富和发展等方面。关于人的发展的思想，空想社会主义者欧文曾在《人类思想和实践中的革命》一书中，就提出要通过教育“培养智、德、体全面发展的有理性”的新人。马克思在充分肯定欧文的天才预测时，批判了欧文脱离了社会历史发展的空想成分，建立了科学的全面发展的学说。最早在《1884 年哲学经济学手稿》中马克思就把“自由”确定为人类本质的一种属性，而在《德意志意识形态》一书中则正式提出了“个人的全面发展”这一种科学概念，阐述了个人的全面发展的基本含义。后来在《共产主义原理》《资本论》《反杜林论》等许多著作中，马克思又进一步对全面发展学说作了系统阐述。

在社会划分为阶级的情况下，人们的社会关系必然表现为阶级关系。人的本质的阶级性，是社会分裂为阶级的必然结果。它随阶级的存在而存在，随阶级的消失而消失。当然，绝不应该将阶级性夸大化和绝对化。人的本质在阶级社会中除了表现为阶级性而外，也还有其他的社会性。如马克思在批判杜林时说的“纯粹的人类感情”，特别是两性间的感情，并不完全取决于阶级性。因此，不应将阶级性简单等同于社会性。

在社会主义初级阶段，现实中的社会关系是极其复杂的。社会主义的经济关系占主导地位，阶级对立关系不再是社会主义社会的主要关系。但是，在社会中还存在着旧的社会关系的残余和某些产生剥削阶级思想的因素和土壤。因此，对社会主义社会人的本质必须作具体分析，既不能将其一概说成是阶级的本质，也不能排除阶级的某些烙印和影响。

由于现实的人是在特定的社会关系条件下从事不同性质的劳动，再加上每个人原有的自然特质，所以最终出现在现实生活中的人都是与他人不同的独特个人。这种使个人同他人区别开来、并使个人成为有个性的具体个人之根据，或单个人的本质，在马克思看来，是每个人的独特性或个性。这样，马克思运用上述方法，弄清了人的本质之内容：人是在特定社会关系条件下从事物质生产，从而能动地表现自己的独特个性的人。

形成个人的本质，社会关系的影响具有决定性的作用，但是不能排除个人主观的作用。在社会主义条件下，人的本质是不一样的，即使在生活条件大体相同的情况下，人的本质也会有差异。这种差异性是怎样产生的？应当承认，首要的原因在于社会关系的影响，他的社会经历和具体社会关系决定了他的本质。不承认这一点，便离开了唯物论。但是，也不能不看到个人主观努力和选择对自己本质形成所起的重要作用，有时甚至是决定性作用。不承认这一点，便离开了辩证法。正因为如此，“三全育人”工作一方面要加强教育工作环境的建设和调节，另一方面也要努力调动人们自我教育和完善的积极性，并且还应承认，只有自我教育能力的完善才是最可靠的完善。

马克思指出，人是由于他的特殊性而成为个体，成为单个的即有个性的个人。在他看来，个人是社会关系的承担者，但他自身并不能完全被溶解在社会关系中，他的存在不能仅被归结为社会存在。个人由于自身还具有独特的个别性，所以也进行他的个人生活过程，这一过程是不能被他的类生活和社会生活所取代的。这样，有个性的个人之存在的本质，即在于他的独特个性。马克思从人的基本存在入手，揭示出了人的本质内容：人是在一定社会关系条件下从事生产活动的、进而能动地表现他的独具个性的人。

要了解和判断人的本质，有两个相互联系的方式：第一，全面分析一个人所处的社会关系总和，找出影响最大的主要社会关系。同时，还要了解和掌握他所处社会关系的发展变化情况，已经产生的社会关系的变化制约着人的本质也发生变化，这是一个相当复杂的情况，必须作具体的历史的考察和分析。第二，全面地历史地分析一个人的思想和行为。人的思想和行为是人的本质的主要表现形式，考察和分析人所处的社会关系是了解人的本质的重要方式，但不是唯一的方式，还必须同时考察人的思想和行为表现。只有将全面历史地考察一个人所处社会关系的总和与全面地历史地考察一个人的思想和行为结合起来，才能正确地把握住人的本质和可能的发展趋势，为“三全育人”工作提供可靠的依据。

当代高校“三全育人”的核心主题是做人的工作，这就决定了马克思主义关于人的全面发展理论对当代高校“三全育人”具有深厚的理论指导意义。在一定程度上可以说，马克思主义是当代高校“三全育人”的理论依据和现实出发点、最终目的与归宿。社会的进步需要人的全面发展，这就要求在当前的条件下高校“三全育人”应发掘人的认识改造世界的内在潜能，从而推动社会和人自身的进步与发展，为进一步实现人的全面发展创造条件和夯实基础。个人的全面发展受诸多因素制约且具有阶段性，这就要求高校“三全育人”必须从实际出发，既不能滞后又不能超前，同时还要坚持继承、借鉴、创新的有机统一。

二、对人的本质发展的当代解读——以人为本

科学发展观作为中国社会主义初级阶段关于发展的总体看法和根本观点，主要包括两个方面：强调以人为本；强调全面、协调、可持续发展。只有把二者有机统一起来，并把以人为本作为核心，才能全面把握科学发展观。对科学发展观中以人为本的理解，不能脱离马克思主义的理论体系，不能脱离科学发展观的理论框架。

科学发展观是我们党对社会主义现代化建设指导思想的新发展。坚持以人为本是科学发展观的本质和核心，也是高校“三全育人”应该坚持的基本理念。在全面建设小康社会的新时期，高校“三全育人”坚持以人为本，不仅要把大学生作为实践主体，充分调动大学生的积极性、主动性、创造性，而且要把大学生作为价值主体，关注其价值追求和实际利益，满足大学生的物质需要、精神需要和发展需要。只有这样，才能充分实现高校“三全育人”的价值。

立足当代现实和实践，重新发掘和研究马克思的理论遗产，可以发现，以人为本是马克思创立唯物史观时本来就包含的一个极其重要的基本原则。马克思由唯心主义向唯物主义的转变过程，以及历史唯物主义的创立过程，就是以对历史、社会和人的问题的关注为基本动力的。马克思的一系列论著的轴心就是对历史、社会和人的处境的关怀以及人类解放前景的展望。马克思毕生的理论活动和实践活动，都贯穿着为全人类的解放事业而斗争的精神，但是它与哲学史上各种语境下的以人为本含义不同。马克思理解的以人为本原则不是从人是世界的本原出发，也不是从抽象的人出发，而

是从现实的人出发，认为人民群众是历史的创造者，是社会历史的推动力量。“以人为本”在马克思主义理论体系中不是外在的东西，不是从人本主义那里嫁接过来的，而是唯物史观的题中应有之义。今天提出“以人为本”是适应社会历史条件的变化和中国现代化建设进程的需要，重申唯物史观这一根本原则。

了解以人为本的科学内涵，我们必须厘清以下关系：第一，以人为本与民本思想。民本思想源于中国古代，最典型的观点有孟子“民贵君轻”的思想以及唐太宗李世民常说的“水可载舟，亦可覆舟”。但“民”不等于“人”，应该说，在历史发展中，“民”是有着不同的含义的。在古代，“民”是相对于“君”而言的，或者说是相对于统治者来说的，亦即被统治者。民本思想虽然强调要重视“民”，但绝不是要以被统治者为根本，最终还是强调维护、实现统治者的统治和利益。至于“人”，不管是作为与神本思想的对立物产生的人本思想，还是作为与以物为本的对立物产生的以人为本思想，其所涉及的人，都是泛指的人，其所强调的，都是要实现人的价值和幸福。第二，阶级社会的以人为本与社会主义社会的以人为本。这两者存在着本质区别，这种本质区别体现在“人”上。马克思主义不仅深刻揭露出资本主义社会剥削人和压迫人的本质，而且也指明了解放人和人类的光明道路。马克思、恩格斯在《共产党宣言》中就指出：“过去的一切运动都是少数人的或者为少数人谋利益的运动，只有无产阶级的运动是绝大多数人的、为绝大多数人谋利益的独立的运动。”[①]第三，以人为本与以个人为本。正确理解以人为本，不能把它理解为以个人为本，更不能理解为以自我为本。以人为本中的人最终当然要落实到个人，但这个“人”不是指单纯的个人或少数人，而往往是指大多数人，甚至是全人类，如果把这个“人”理解为一个人，即我自己，就会犯个人本位主义的错误，就会陷入利己主义和自我中心主义的泥潭。

作为历史唯物主义的一个重要原则，“以人为本”从来都是具体的、历史的，不是抽象的、凝固的。以人为本中的“人”是指现实的人，即在社会中生活和活动着的人。因为，现实的“人”总是多样的，他们的权益总是多元化的，具体到以什么人为本，以人的哪方面的权益和能力为本时，并无一成不变的样式，而是始终发展变化着。从以非人的神、物为本，到以人间的强势群体为本，再发展到以全体人民群众为本；从以实现人的某些片面需求为目的，到逐渐走向以社会和自然相互协调、人的全面健康发

[①] 马克思恩格斯选集：第 1 卷[M]．北京：人民出版社，1995：283．

展为目标，这里有一个人类“以人为本”价值观不断发展的逻辑所在，也是社会历史进步的逻辑所在。[①]

在社会主义社会，以人为本具有以下本质内容和规定：第一，以人作为世界的根本，而不是以神、物等作为世界的根本。“人”不是单个人，不是少数人，而是绝大多数的人，甚至是人类。第二，以人作为实践的根本。“人是万物之灵”，劳动才是人之为人和人异于其他动物的最根本之处。实践是人所特有的“对象化”活动。只有人民群众才是历史的创造者，才是历史的真正主人。只有在社会实践活动中始终依靠人民群众，充分调动人民群众的积极性、主动性、创造性，才能推动改造世界、改造社会的历史进程，促进社会的发展。第三，以人作为价值的根本。人不仅是实践的主体，更是价值的主体，是实践主体与价值主体的统一。人们实践活动的目的就是为了实现人的价值、人的利益，满足和实现人的需要。

在当代中国，“以人为本”主要就是以人民为本，但又不能把“以人为本”仅仅理解为就是以人民为本。第一，以人为本中的“人”，不仅仅包括人民，而且还包括如下一些意义上的人：类存在意义上的人、社会群体意义上的人、具有独立人格与个性的个人以及一切中国特色社会主义事业的建设者和劳动者。“人”比“人民”的外延更宽泛，更具包容性。第二，以人为本，意味着任何个人都应享有作为人的权利，对任何个人的权利都应给予合理的尊重；以人为本比以人民为本的内涵更丰富。第三，以人为本，要求我们对现实社会中一切违背人性发展的、不尊重人的现象进行反思和超越，不断推进人的全面发展。第四，以人为本，要求关注人们之间作为人的共同性和个性的差异性。因此，以人为本比以人民为本更能调动一切人的积极性和创造性，凝聚一切积极力量。

综上所述，社会主义中国所说的和正在实践的以人为本，“人”不仅是指个人，还指群体，不是少数人，而是绝大多数人；它不仅强调满足人的自然需要，更强调满足人的社会需要；不仅强调满足人的物质需要，也强调满足人的精神需要。因此，以人为本就是以人民群众为本。这是作为无产阶级先锋队组织的中国共产党的根本宗旨的集中体现，也是全面建设小康社会的题中应有之义。

“本”指的是发展之本。一般地说，“以人为本”，就是肯定人在社会生活中的主体地位。相对于人对人的依赖、人对物的依赖而言，它把人当作主体，强调人的主体性；相对于人被边缘化而言，它把人看作一切事物

[①] 李德顺．以人为本的价值观[J]．哲学动态，2004（7）：5-7．

的前提、最终的本质和根据，人是一切活动的主体和承担者，又是社会发展的最终根据和本质；相对于人作为手段而言，它把人作为目的，以满足人的需要，实现人的利益作为思想和行动的出发点、目的和标准。

“人是万物的尺度”，是最宝贵的财富。大到实现我国现代化的宏伟目标，小到实现每个群体的具体目标，关键都在人，在于人的思想解放、观念更新的程度，在于人的思想道德、科学文化素质的提高，在于人的积极性和创造性的发挥。同时，国家、社会、群体的发展与利益最终都要落脚到实现人的发展、人的利益上，高校“三全育人”最终也要落脚到激励人们为实现自己的利益而奋斗。①因此，可以说，人既是高校“三全育人”的对象，更是高校“三全育人”的目的。高校“三全育人”要尊重人、理解人、关心人，最终就要落实到促进人的全面发展、满足人们的物质生活和精神文化发展需要、实现人民群众的根本利益和价值上来。高校“三全育人”说到底是为了实现人的发展、人的价值和人的利益。因此，以人为本是高校“三全育人”的本质要求。

“以人为本”的科学发展观，一方面强调人在发展中的中心作用，“人”重于“物”，发展的目的是为了人、人的需求和人的发展；另一方面强调发展不应仅从经济增长来衡量，要追求经济和社会的全面、协调、可持续发展，这就要求发展必须体现以人为中心的人与自然、人与社会之间的和谐。现代语境下的以人为本，除了要继承发扬人类思想史上曾经提出的尊重人的价值和尊严，维护人权平等，注重人的个性发展等这些积极文化成果外，还应把人类的生存价值作为终极关怀纳入其中，才能合理地解决人与自然、人与社会、人与人的关系问题。

“以人为本”作为思考和解决社会发展问题的价值观对人类社会活动的各个领域普遍有效，但其具体表现是各不相同的，因而它必须同各个领域的实际情况结合起来。在经济领域里，“以人为本”的运用可以分为宏观方面与微观方面。在宏观方面，经济发展的“见物不见人”，只见经济总量、GDP，不见人的发展指标是应当引以为戒的。在微观方面，应当把“以人为本”运用于现代企业管理。具体说，就是从“经济人”到“社会人”再到强调人的个性和创造性；从把人当作客体到强调管理中人的主体性；从片面地运用科学来解剖工人的每个动作，为追求效率而把人只当作客体，到把文化概念应用于企业，把具有丰富创造性的人作为管理理论的中心。

① 中共中央宣传部. 毛泽东邓小平江泽民论思想政治工作[M]. 北京：学习出版社，2000：10.

三、以人为本在高校“三全育人”领域的本质要求

在我们社会生活的各个领域中，以人为本都具有普遍的重要意义，然而它在不同领域的具体表现形式各不相同，因此它必须同各个领域的实际情况结合起来。以人为本在高校“三全育人”领域的本质要求，强调要突出人的发展，人是教育的中心，也是教育的目的；人是教育的出发点，也是教育的归宿；人是教育的基础，也是教育的根本。

高校“三全育人”以人为本就是要把人作为高校“三全育人”的出发点和落脚点，把大学生看作具有独立个性和特定观念的主体，在教育过程中重视启发引导大学生内在的教育需求，通过调动和激发人主动学习和发展的积极性、主动性、创造性，使人们自觉树立起科学的世界观、人生观、价值观，形成正确的思想道德素质和高尚的道德品质，促进大学生的全面发展，从而使他们真正成为合格的社会主义现代化事业的建设者和接班人。

（一）全面满足大学生的物质、精神生活需要

马克思曾精辟地指出：“人们奋斗所争取的一切，都同他们的利益有关。”[①]从根本上说，高校“三全育人”就是要用先进的理论去武装人们的头脑，提高人们的思想认识，调动人们的积极性，激发人们的主体性和创造潜能，教育和引导人们为实现自己的利益而奋斗。

当前，我国正在进行一场极其深刻的社会变革，必然涉及人们相互关系、利益格局的变化与调整。只有重视人的物质生活需要，贯彻满足物质利益原则，才能从根本上调动人的积极性。在满足人们基本物质生活需要的前提下，还要满足人们多方面的精神需要，如归属感与爱的需要、尊重的需要、自我实现的需要等。在满足人的各种需要的同时，要注意加强马克思主义世界观、人生观、价值观教育，引导人们正确认识自己的利益，正确处理国家、集体和个人利益的关系，引导人们从低级需要向高级需要过渡，要看到个人需要与社会需要的满足是一个问题的两个方面。高校“三全育人”要把尊重个人与服务集体，个人发展与社会发展，坚持原则性与尊重人、理解人结合起来，把统一要求和因人施教结合起来，把灌输正确的思想意识和自我教育结合起来，不断提高人们的思想道德素质，满足人们思想道德发展的需要。

[①] 马克思恩格斯全集：第 1 卷[M]．北京：人民出版社，1956：82．

（二）调动大学生的积极性，充分发挥实践主体在实践活动中的能动作用

高校“三全育人”是社会发展的要求，也是广大受教育者自我生存、自我发展的要求。高校“三全育人”本质上应当是个体人格和思想政治品德的构建过程，是受教育者个体与社会规范要求的互动过程。然而，现实中的高校“三全育人”却在一定程度上已经成为教育者对受教育者人格和思想政治品德的单向作用过程。要改变这一状况，就应该顺乎受教育者的接受机理和内在需求，着力贯彻人本原则的精神，发挥受教育者在接受教育过程中的主动作用，激发大学生接受“三全育人”的主体性。

积极性，是指人的主观能动性在实践中的外在表现，它从本质上反映了人们在思想政治上的精神状态，劳动工作中的基本态度，以及社会活动中的事业心、责任感。在民主意识、平等意识、自主自强意识、价值意识不断增强的今天，要充分调动人的积极性，首先必须满足人们自我尊重的需求。尊重人的思想，尊重人的人格，尊重人的个性，尊重人的创造。

以人为本原则倡导以人为中心的高校“三全育人”理念，它所要求的高校“三全育人”培养的对象，不仅是一个劳动者，而且是具有明确奋斗目标、高尚审美情趣、既能创造又能懂得享受的主体。而当前高校“三全育人”普遍存在缺乏实践中介、过于认知化的问题。由于缺乏实践中介，主体能动性未能得到有效发挥，思想政治品德规范不能内化为个体信念，导致“知而不信”；个体信念又不足以外化、支持、指导个体行为，导致“言而不行”。这种高校“三全育人”获得的是“关于思想政治品德的知识”，而不是人的内化的精神和德行发展。在受教育者主体意识不断增强的今天，只有从受教育者自身的实际出发，调动他们的积极性，充分发挥实践主体在实践活动中的能动作用，我们的高校“三全育人”工作才能取得更佳效果。

（三）促进大学生的全面发展，以培养“四有”新人作为高校“三全育人”的根本

促进人的全面发展是马克思主义关于建设社会主义新社会的本质要求。我们党的最高纲领是实现共产主义，最终实现人的彻底解放和全面发展。1986 年 9 月，党的十二届六中全会通过的《中共中央关于社会主义精神文明建设指导方针的决议》把“四有”人才的培养模式作为精神文明建设的根本任务载入党的文献，并指出：社会主义精神文明建设的根本任务，是适应社会主义现代化建设的需要，培育有理想、有道德、有文化、有纪律

的社会主义公民，提高整个中华民族的思想道德素质和科学文化素质。[①]“四有”新人是未来社会“人的全面而自由发展”的终极目标与社会主义初级阶段人的发展特点相结合的具体化，符合我国基本国情的人的发展标准和规格。“四有”作为社会主义初级阶段人的发展的四个维度，“分别从政治素养、伦理素养、知识素养、行为素养等方面对社会主义新人提出了严格要求”[②]，对人的全面发展进行了规划。促进人的全面发展，培养社会主义“四有”新人，不仅是社会主义社会发展的需要，更是人的根本需要和利益所在，也是高校“三全育人”的本质要求与根本任务之所在。

此外，以人为本还在方法上对高校“三全育人”也提出了更高的要求。以人为本的高校“三全育人”要做到教育者与受教育者在民主、平等、和谐、合作中相互作用、相互促进、教学相长、共同提高，这就要求教育者要尊重人、理解人、关心人。尊重人就是要尊重人的需求、兴趣、创造和自由，要平等待人，在平等的基础上双向互动，进行思想沟通，求同存异。理解人就是要充分考虑人的内在心理需要。人的内在心理需求是接受外部教育影响的根本前提。高校“三全育人”的内容只有经由各种教育渠道进入人的视野，满足人的心理需要，才能促使个体通过各种途径去接受和践行。关心人主要是要关心人们的生活，关注人们的现实需求，通过感受、体验、感染，使人们在情感共鸣和潜移默化中转变思想观念，提高思想认识。

第二节　马克思主义关于人的全面发展理论

人的全面发展在本质上是一个漫长的社会历史发展过程，在当代它不仅是一种理想和对未来的期望，还是现实的追求和目标。我们需要对马克思的人的全面发展思想进行现代性解读，通过冷静的思考，清醒地认识到人的全面发展由理想目标转化为社会现实的长期性、复杂性和艰巨性，认识到人类整体提升和个人全面发展的矛盾对抗，自由时间和发展空间的矛盾表现，终极价值目标和特定历史标准的矛盾存在，这是最终实现人的全面发展所必须突破的矛盾境域。对人的全面发展的问题，理论界进行了热

---

① 中共中央文献研究室．社会主义精神文明建设文献选编[M]．北京：中央文献出版社，1996：244．

② 黄钊．三德教育论纲[M]．武汉：武汉大学出版社，1997：73．

烈探讨，取得了许多新的研究成果，基本形成了以“人”和“全面”为核心的一系列观点，初步建构起以“人”“全面”和“发展”为支柱的认识体系，只是对前两者的研究相对完善一些，对后者的研究直至 20 世纪 90 年代晚期才有所展开。

一、马克思主义关于人的全面发展理论的概述

以人为本的最终归宿在于促进人的全面发展。人的全面发展问题，是一切工作的中心问题，这个问题解决得好与坏，直接关系到经济社会发展的全局。四个现代化的前提、基础和根本在于人的现代化，没有人的现代化，就不可能有整个社会的现代化。高校“三全育人”承载着培养社会主义合格建设者和可靠接班人的历史重任，是造福千家万户的民心工程，必须以人的全面发展作为其基本理念。

马克思和恩格斯提出的人的全面发展的学说，是共产主义思想理论的有机组成部分，是我们确定“三全育人”工作方针、目标和任务的重要理论依据。

人的全面发展理论是马克思主义学说的核心理论，马克思主义所有的学说和理论，归结到一点就是实现人的自由和解放，促进人的自由全面发展。马克思主义人的全面发展理论有着十分丰富的内涵。正确认识和梳理人的全面发展的科学内涵，是我们推动实现当代大学生全面发展的基本前提。

马克思在《德意志意识形态》一书中，正式提出了“个人的全面发展”这一科学概念，以后，又在许多重要著作中，作了系统的阐述。

人的全面发展理论是马克思主义学说的核心理论，马克思主义所有的学说和理论，归结到一点就是实现人的自由和解放，促进人的自由全面发展。马克思主义人的全面发展理论有着十分丰富的内涵。正确认识和梳理人的全面发展的科学内涵，是我们推动实现当代大学生全面发展的基本前提。

马克思关于人的全面发展目标有多种阐述，包含了德、智、体、美诸方面的全面而协调的发展。在一些论述中，马克思强调了全体社会成员的智力和体力在生产过程中的多方面地、充分自由地、协调地发展。使人们成为“各方面都有能力的人，即能通晓整个生产关系的人”。[①]在许多论述

[①] 马克思恩格斯全集：第 4 卷[M]. 北京：人民出版社，1895：370.

中又论述了德育、智育、体育、技术教育、美育以及它们的统一，给人的全面发展描绘了一张目标的蓝图。马克思特别指出，人应当是一个“完整人”，全面发展的人。他认为，人要以一种全面的方式，作为一个完整的人，占有自己的全面的本质。按照这种“完整人”的理论，人虽然要经历由低级到高级若干发展阶段，但是在任何一个发展阶段上，人都应该完整地、均衡地、全面地发展，而不能畸形发展。

人的全面发展是指劳动能力的全面发展。马克思在《1844 年经济学哲学手稿》中指出：“劳动这种生命活动、这种生产生活本身对人来说不过是满足他的需要即维持肉体生存的需要的手段。而生产生活就是类生活。这是产生生命的生活。一个种的全部特性、种的类特性就在于生命活动的性质，而人的类特性恰恰就是自由的有意识的活动。生活本身仅仅成为生活的手段。”[①]由此可以看出，人的类特性就在于自由自觉性。劳动，作为人的根本实践活动，创造了人，也造就了人的类本质。因此，劳动能力的强弱和劳动水平的高低，直接决定并且反映着人的自由自觉性的发展程度，劳动能力的全面发展，成为人的自由全面发展的根本。

马克思认为，人的全面发展不仅是人自身的解放，而且是消灭私有制，实现共产主义的条件。马克思说：“私有制只有在个人得到全面发展的条件下才能消灭，因为现存的交往形式和生产力是全面的，所以只有全面发展的个人才可能占有它们。”[②]

人的发展与人所处的社会关系有着密切的关系。马克思在《关于费尔巴哈的提纲》中指出：“人的本质不是单个人所固有的抽象物，在其现实性上，它是一切社会关系的总和。”[③]人总是社会的人，总是在一定的社会关系中生存和发展。任何一个人的能力的形成、发展和完善，都离不开特定的社会关系。正是在这个意义上，马克思指出：“社会关系实际上决定着一个人能够发展到什么程度。”[④]人的社会关系的发展，是个人形成的社会关系日益普遍化、全面化的过程。一个人的发展往往取决于同他直接或间接交往的其他一切人的发展。一个人的社会交往程度越高，社会关系越丰富，他的视野就会越开阔，获取的信息、知识、技能、经验就越多，能力的发展就越快，进步就越全面、越迅速。

---

① 马克思恩格斯选集：第 1 卷[M]．北京：人民出版社，1995：46．

② 马克思恩格斯全集：第 3 卷[M]．北京：人民出版社，1972：516．

③ 马克思恩格斯选集：第 1 卷[M]．北京：人民出版社，1995：60．

④ 马克思恩格斯全集：第 3 卷[M]．北京：人民出版社，1972：295．

马克思主义理论深刻地揭示了人片面发展的原因——人的片面发展是由于社会分工造成的，同时私有制和阶级剥削加剧了这种片面性。人类社会分工有一个发展过程。最初，“由于性别和年龄的差别，也就是在纯生理的基础上产生了一种自然的分工”，[①]这种自然的分工对人的发展不产生实质性影响。后来，“分工只是从物质劳动和精神劳动分离的时候起才开始成为真实的分工”[②]，这“第一次分工即城市和乡村的分离。立即使农村人口陷于数千年的愚昧状况，使城市居民受到各自的专门手艺的奴役。它破坏了农村居民的精神发展的基础和城市居民体力发展的基础”[③]。这种“社会内部的分工”对人的发展虽然产生了副作用，但还没有使劳动者丧失相对的独立性。然而，资本主义条件下出现的“在生产某个商品时发生的分工”[④]，则完全消灭工人的独立性并使工人变成资本指挥下的社会机构的部件。“由于劳动被分成几部分，人自己随着也被分成几部分。为了训练某种单一的活动，其他一切肉体和精神的能力都成了牺牲品，人的这种畸形发展和分工齐头并进。”[⑤]因此，要改变人的畸形发展。必须改变这种建立在资本主义剥削基础上的旧的社会分工。

人的全面发展是人的需要的全面发展和极大满足。在马克思看来，正是人的需要的发展和需要的不断满足推动着人类和人类社会的文明进步。人的需要是人的意识活动及其他各方面行为活动的内在动力。人的需要是多样的和多层次的，不仅有物质需要，还有精神需要，精神需要中又有发展需要、自我实现的需要等。人们总是在旧的需要得以满足的基础上产生新的需要，从而推动各项事业的发展。因此，马克思认为，需要的发展是“人的本质力量的新的证明和人的本质的新的充实”[⑥]。人的需要层次的日益丰富，需要形式的日渐多样，以及需要的不断得以满足，推动着人的全面发展，进而推动人类社会的全面进步。

实现人的全面发展必须具备一定的历史条件，这就是消灭私有制。使生产资料转归社会所有，同时，使生产力发展到能为每一个人提供全面发展和表现自己全部能力的机会。实现人的全面发展还有另外一个条件，就是全面发展的教育。这种全面发展的教育不仅包括德育、智育、体育，同

---

① 马克思恩格斯全集：第 23 卷[M]．北京：人民出版社，1972：389-390．

② 马克思恩格斯全集：第 3 卷[M]．北京：人民出版社，1972：35．

③ 马克思恩格斯全集：第 20 卷[M]．北京：人民出版社，1971：316．

④ 马克思恩格斯全集：第 47 卷[M]．北京：人民出版社，1979：309．

⑤ 马克思恩格斯全集：第 2 卷[M]．北京：人民出版社，1957：330-331．

⑥ 马克思恩格斯全集：第 42 卷[M]．北京：人民出版社，1979：132．

时还应该包括美育、技能、处理人际关系的正确观念和能力等。

人的全面发展是人的个性的自由发展。从马克思关于人的发展的三个阶段来看：第一个阶段，是人对人的依赖，人的个性被淹没在依赖性的畸形人际关系之中；在第二个阶段，在对物的依赖的基础上人的独立性有所发展，人的个性有所表现，但是人的个性被物的神秘性所掩盖，不可能获得张扬；只有到了第三个阶段，即自由个性的阶段，生产力高度发展，社会财富极大丰富，人们才注重追求个性的自由发展。这一阶段，也被称为“自由人的联合体”阶段。正如马克思所指出的，“代替那存在着阶级和阶级对立的资产阶级旧社会的，将是这样一个联合体，在那里，每个人的自由发展足一切人的自由发展的条件”[①]。人的个性的自由发展程度，是人的全面发展的综合表现。人的全面发展，必须以人的个性的自由全面发展为出发点和落脚点。

在实现人的全面发展的教育中，马克思主义历来重视人的全面发展，马克思恩格斯曾明确指出：“在无产阶级革命中，要使教育摆脱统治阶级的影响，才能让工人阶级产生出必须实行根本革命的意识，即共产主义的意识。”[②]马克思在《共产党宣言》中指出：“共产党一分钟也不忽视教育工人尽可能明确地意识到资产阶级和无产阶级的明确的对立，以便德国工人能够利用资产阶级统治所必然带来的社会的和政治的条件作为反对资产阶级的武器，以便在推翻德国的反动阶级后立即开始反对资产阶级本身的斗争。”[③]继马克思、恩格斯之后，列宁、斯大林、毛泽东和许多马克思主义教育家、思想家、政治家，都进一步丰富和发展了马克思主义关于人的全面发展的学说。总之，人的全面发展离不开全面的教育。“三全育人”工作不仅是全面教育的重要组成部分，更是全面发展教育的根本性保证。

二、人的全面发展的本质规定

重视大学生的全面发展，并且根据时代的变化及时拓展大学生全面发展的内涵，是我们党的优良传统。早在1957年，毛泽东就在《关于正确处理人民内部矛盾的问题》一文中，明确提出了人的德、智、体全面发展的思想。邓小平提出把培养“四有”新人作为社会主义精神文明建设和中国特色社会主义文化建设的核心。习近平总书记告诫当代青年要牢记“空谈误国、实干

---

① 马克思恩格斯选集：第1卷[M]．北京：人民出版社，1995：294．

② 马克思恩格斯全集：第3卷[M]．北京：人民出版社，1972：48．

③ 马克思恩格斯全集：第1卷[M]．北京：人民出版社，1979：285．

兴邦”，从自身做起，从点滴小事做起，用勤劳的双手、一流的业绩成就属于自己的人生精彩。他也鼓励青年学会正确面对各种困难，希望青年要有敢为人先的锐气，勇于解放思想、与时俱进，敢于上下求索、开拓进取，要有逢山开路、遇河架桥的意志，为了创新创造百折不挠、勇往直前。

人的全面发展理论十分丰富，总体上包含以下几个方面：社会进步需要个人的全面发展；个人全面发展由生产方式的全面发展以及所受教育的条件所决定；人的发展大致经历了“人的依赖关系”“以物为基础的人的独立性”“自由个性”三阶段；人的全面发展体现于体力和智力的充分自由发展、人的才能的多方面发展、个人社会关系的高度丰富和发展等方面。

习近平总书记指出，要按照人才成长规律改进人才培养机制，“顺木之天，以致其性”，避免急功近利、拔苗助长。要坚持竞争激励和崇尚合作相结合，促进人才资源合理有序流动。要广泛吸引海外优秀专家学者为我国科技创新事业服务。要在全社会积极营造鼓励大胆创新、勇于创新、包容创新的良好氛围，既要重视成功，更要宽容失败，完善好人才评价指挥棒作用，为人才发挥作用、施展才华提供更加广阔的天地。

综合而言，当代大学生的全面发展，核心在于其综合素质的全面发展。思想道德素质、科学文化素质和身心健康素质，是当代大学生综合素质的三个有机组成部分。其中，思想道德素质是素质教育的灵魂；科学文化素质是关键，是大学生成才的基石；而身心健康素质是大学生培养思想道德素质和科学文化素质的基础和前提，是成就人才的根基。因而，大学生的全面发展，必然是大学生思想道德素质、科学文化素质和身心健康素质的全面、协调、可持续发展。高校“三全育人”要坚持全面发展的基本理念，就必须以大学生全面发展为目标，深入进行素质教育，以全面的视角，促进大学生思想道德素质、科学文化素质和身心健康素质的全面发展，引导当代大学生努力成长为时代发展需要的高素质复合型人才。

三、人的全面发展的当代解读

追求人类彻底解放，实现人的自由全面发展，是马克思终生奋斗的社会理想。从马克思提出人的全面发展思想到现在，一个半多世纪的时间过去了，人的发展在当代已不再是一种理想和对未来的期望，而是成了现实的追求和目标。

从最普遍的意义上讲，人的全面发展实际上就是人的自主性、能动性、创造性等主体性特征的全面拓展。这主要表现在以下几个方面：

从以“人”为核心的观点看。其一，以人的“质”量为界定标准，探讨人的发展进程中质的突破、“新人”的出现，比如创新时代人、电子空间人、知识国际人、复合智能人、网络系统人等，这些都是在社会开放进程中出现的新现象。其二，以人的“数”量为界定标准，探讨社会全体成员、一切人的全面发展。在马克思看来，“人的全面发展”有两个意思：一是微观上的、每一个具体的个体人都获得全面发展；二是在宏观上的、全体意义上的全部人也获得全面发展。也就是说，社会人的全面发展变成一个总体性、普遍性发展和个体性、特殊性发展相统一的历史进程。其三，从人的类特性、类本质的发展上进行界定。

人的本质力量的充分体现。人的本质在于他的社会性。人的全面发展过程实质上也就是人对自己本质的全面占有过程，人的自身解放过程。具体来说，也就是唤醒人的个性、人格、体力、智力等仅仅以潜能形式沉睡于人体内的各种本质力量，使其尽可能得到充分的体现，也使人的思想道德、精神境界、社会关系、认识水平等都能得到全面的体现。人的本质力量的充分体现是一个自然的历史过程，它是在物质生产和精神生产的过程中逐步展开的，它随着时代的发展而发展。在现代，人的全面发展是指每个人而不是少数人的发展。也就是说，“个体人的全面发展”对社会全体成员都是适用的，要反对只让一部分人发展而让另一部分人不发展的片面性。

从以“全面”为核心的观点看，把人的能力、素质、个性、需要、品格、尊严、关系、生态、习俗、情感等方面，都看作人的发展的主要内涵，强调这些要素的综合、全面发展，而不是把任何一方割裂开来。在新的时代，从“发展”的维度来界定人的全面发展的内涵，从社会开放的角度来深化认识这个“发展”内涵，这项工作日益受到重视。马克思、恩格斯预见了在全世界不同社会体系内，通过改革走向开放，通过开放来促进改革以完善社会发展体制，最终使个人、社会阶层或其他社会存在形态融入世界历史成为一个必然趋势。他们断言达到“世界历史性的存在”将是人的全面“发展”的一个标志性终点。但是，从发展的意义上看，它还只是一个全新的起点。因此，随着社会的不断开放，适应新的时代——知识经济、网络经济、信息经济时代的发展要求，人的全面发展的丰富价值蕴涵也将不断得到科学揭示。

完全摆脱人的依附关系，全面形成和扩展人与人之间的社会关系。马克思说过：个人的全面性是他的现实关系和观念关系的全面性，而不是想象的合理性。人们只有越来越多地参与各个领域、各个层次的社会交往，同其他无数个人，从而也就同整个物质生产和精神生产进行普遍的交换，才能逐渐摆脱个体的、地域的和民族狭隘性，充分发展自己各方面的能力和自由个性。社会的每一成员都能完全自由地发展和发挥他的全部才能和力量，从而最终实现人的全面发展。马克思主义创始人既主张个人的自由发展是社会或群体发展的条件，同时又强调，社会或群体的发展是个人发展的前提。人的全面发展绝不可能在人与人相对抗、个人和社会相分离的状况中达到，而只能在人与人、人与社会和谐统一的条件下实现。

人的个体需要的全面满足。需要是人的全面发展的原动力，任何人如果不同时为了自己的某种需要和为了这种需要的器官而做事，他就什么也不能做。人的全面发展的动机是由人的需要所引起的，人的全面发展的目的直观地说，也就是人的需要的全面满足。人的需要是客观生活条件的反映，而客观生活条件的变化发展是无限多样的，这就决定了人的需要也具有无限多样性，有物质需要，也有精神需要；有低层次需要如生理需要和安全需要，也有高层次的需要如尊重需要和自我实现的需要，等等。满足一种需要的过程会引起另一种需要或多种新的需要的产生，并且这一过程是永无止境的，而人的个体需要的全面满足过程归根到底也就是人的全面发展过程。[①]

人的工作职能的自由转换。马克思在设计未来理想社会中人的全面发展的生活状态时，首先提出的是工作职能的自由转换。对此，马克思通过对机器大生产的透彻分析后，明确指出大工业的本性决定了劳动的变换、职能的更动和工人的全面流动性。这种工作职能的自由转换，将使人们没有特殊活动范围的限制，可以在任何部门内自由的发展。这样，就不会使人固定在某一社会角色或某一社会活动之中，造成身体的某一部分或某种能力片面发展的结果。因此，人的全面发展从根本意义上说，就是个人适应不同的社会需求，把各种不同的社会工作职能当作可以相互交替的生存方式来操持，从而使人的各种才能都能得到充分发挥。这样，既体现了劳动的自主性，又体现了人的自由而全面发展。

人的能力素质的不断提高。人的全面发展是一个相对的历史范畴，是一个动态的发展概念，它并非是指每个人都能达到全知全能，而是指构成人的能力和素质的主要的基本方面都能得到全面培养和不断提高。在马克

[①] 陈金明．人的全面发展的价值承诺与当代形态[J]．山西高等学校社会科学学报，2004（11）：86-90．

思、恩格斯看来，“任何人的职责、使命、任务就是全面地发展自己的一切能力，其中也包括思维的能力”[①]。社会应该使自己的成员能够全面发挥他们的才能。他们反对把人当作劳动力看待的偏见，主张发挥个人的体育、艺术和其他创造性的天赋。现代科学研究表明，人的能力素质是一个复杂的系统，既包括先天的，又包括后天的；既包括体力，又包括智力；既包括潜在能力，又包括现实能力；既包括从事物质生产的能力，又包括从事精神生产的能力等等，人的全面发展主要是指以体力、智力为核心的求真、求善和审美能力都能得到充分的发挥、自由的发展。

马克思的人的自由全面发展理论，本质上是一种现代社会发展理论，它启发我们在科学性与价值性的统一上，在理想与现实的结合上，以及在理论与实践的交汇中，对人的自由全面发展理论做进一步的丰富和发展。马克思人的自由全面发展是未来理想社会的一种价值目标，但他体现了价值取向与科学认识的统一。

我们现在理解人的全面发展有理想与现实两层意思：一是作为社会的最高原则的理想性目标和根本价值；二是指当前社会现实里作为党的各项方针、政策的价值取向。人的全面发展是理想与现实统一的历史过程。

四、推动大学生全面发展的路径选择

促进人的全面发展，是马克思主义关于建设社会主义新社会的本质要求；推动当代大学生的全面发展和健康成长，是高校“三全育人”的题中应有之义。在新的历史条件下，高校“三全育人”必须以大学生的全面发展为根本目标，深入进行素质教育，以提升大学生的思想道德素质为核心，全面培养他们的综合素质和能力，使大学生学会做人、学会学习、学会做事；积极推进通识教育，密切关注人的精神世界的建构，促进人的精神生活质量的逐步提升；大力培育大学生的人文精神和科学精神，积极营造他们求真、向善、达美的良好氛围，引导当代大学生努力成长为思想道德素质、科学文化素质和身心健康素质全面协调可持续发展的中国特色社会主义事业的合格建设者和可靠接班人。人性的复杂性和人的需要的复杂性决定了人的发展必然具有多方面的内容，也决定了人的发展是逐步走向自由全面的永恒追求过程。人的全面发展是马克思和恩格斯未来理想社会的重要特征。

---

① 马克思恩格斯全集：第 3 卷[M]．北京：人民出版社，1960：330．

（一）深入进行素质教育，推进大学生综合素质的全面发展

素质教育是以促进人的德智体美等全面发展为根本目标，培养和造就具有独立性、自主性、实践性、能动性和创造性等优良品格的个体的一种育人模式。

原国家教委在 1997 年 10 月 29 日印发的《关于当前积极推进中小学实施素质教育的若干意见》中给素质教育下的定义是：“素质教育是以提高民族素质为宗旨的教育。它是依据《教育法》规定的国家教育方针，着眼于受教育者及社会长远发展的要求，以面向全体学生、全面提高学生的基本素质为根本宗旨，以注重培养受教育者的态度、能力，促进他们在德智体等方面生动、活泼、主动地发展为基本特征的教育。”这个定义正确地把握了素质教育的内涵。素质教育能够为人的全面发展提供主体基础、物质基础和强大的精神动力。

高校“三全育人”要秉承素质教育的理念，深入细致地开展素质教育，着重加强大学生做人的教育、做学问的教育和做事的教育，真正地增强大学生的学习能力和实践动手能力。当前条件下，科学技术高度综合，学科交叉日渐明朗，从客观上要求增强大学生综合素质和创新能力。青年大学生是未来社会的主人，必须按照社会发展对未来人才的要求来指导自己，前瞻性地提升自我的综合创新能力，培养未来社会所需要的多方面的素质。高校“三全育人”要以深入进行素质教育为契机，以提升大学生的思想道德素质为核心，全面推动大学生综合素质与创新能力的逐步提升。

（二）坚持科学精神和人文精神教育的统一，营造大学生求真、向善、达美的良好氛围

人文精神和科学精神如车之两轮、鸟之双翼，须臾不可分。科学精神的本质是求真求实，人文精神的精髓是求善求美。

从本体论上讲，科学精神和技术为人文各学科的发展奠定了物质基础和现实依据；从价值论上看，人文精神和理论又为科学技术的进步提供思想、理论的指导和航向。如果大学生仅仅具有科学精神，仅仅掌握科技知识，而欠缺人文精神和人文素质，也有可能走上违法犯罪的道路，那些所谓的高科技犯罪、网络黑客的扭曲行为就是例证。

一代科学巨匠爱因斯坦于 1931 年初忠告加利福尼亚理工学院的学生：“如果你们想使你们一生的工作有益于人类，那么，你们只懂得应用科学

本身是不够的。关心人们本身，应当始终成为一切技术上奋斗的目标；关心怎样组织人们劳动和产品分配这样一些尚未解决的重大问题，用以保证我们科学思想的成果会造福于人类，而不致成为祸害。”[①]他还强调指出：“一个人的真正价值首先决定于他在什么程度上和在什么意义上从自我解放出来。”[②]

高校“三全育人”需要使人文精神教育和科学精神教育融合且协调统一。一方面，强调人文精神教育的首位效应，把大学生置于深厚的社会文化背景之中，借以帮助其焕发内在的精神动力，借以帮助其应对心理问题。同时，要用目的理性和价值理性来导引工具理性和科学理性。“要通过教学使‘教育的文化功能和对灵魂的铸造功能融合起来’。这是教育人性化的又一表现”。“三全育人”应当与学生的学习生活融合。学习就是学生的精神生活，就是学生的生命活动，就是学生的精神和道德的成长过程。”[③]而且，要融入美育和情感教育。另一方面，还要加强科学精神教育，使大学生学会学习、学会生活。总之，高校“三全育人”要通过在大学生中加强人文精神和科学精神的培育，积极营造大学生求真、向善、达美的良好氛围。

（三）积极推进通识教育，注重大学生精神世界的科学建构

在新的历史条件下，随着人们物质生活水平的提高，人们的精神生活需要日益凸显。构建精神家园、追问生命的价值与意义成了人们孜孜以求的事情。

从国内形势来看，改革开放以来，伴随着社会主义市场经济体制的逐步建立和不断完善，我国社会经济成分、组织形式、就业方式、利益关系和分配方式日益多样化，人们思想活动的独立性、选择性、多变性和差异性日益增强，一些大学生不同程度地存在政治信仰迷茫、理想信念模糊、价值取向扭曲、诚信意识淡薄、社会责任感缺乏、艰苦奋斗精神淡化、团结协作观念较差、心理素质欠佳等问题。

从国际背景来看，各种文化相互激荡，文化多样化、价值冲突、伦理道德标准的不一致、生活方式的多样化等充斥着大学生的头脑，网络信息大量涌入。

归结到一点，就是部分大学生的精神世界出了问题，精神窄虚、信仰

① 爱因斯坦文集：第 3 卷[M]．北京：商务印书馆，1979：73．

② 爱因斯坦文集：第 3 卷[M]．北京：商务印书馆，1979：35．

③ 班华．德育理念与德育改革：新世纪德育人性化走向[J]．南京师大学报（社会科学版），2002（4）：73-80．

危机、道德滑坡等等，都在向人们昭示着一个道理：精神世界和生命价值意义世界的建构对于一个人的成长具有更为重要的意义，关注人的精神世界与促进人的全面发展具有内在相关性。人的精神世界是人独特的生存方式，关注人的精神世界是世界历史发展的趋势，是现实社会的呼唤，只有消除人的精神世界的痛苦和困惑才能更好地推进人的全面发展。

通识教育思潮与通识教育实践产生和发展的一个极其重要的原因就在于对学生个体内在精神世界和生命价值意义世界的关注。通识教育强调基本知识、基本价值和基本技能的掌握，强调通过打好人生持续发展的根基，借助于唤醒人的精神世界的追求来形成自觉学习、终身学习、自我管理、自主创新的自我发展意识与自我发展精神。高校“三全育人”要贯彻通识教育的基本理念，特别是要关注新的历史条件下大学生精神生活的发展趋势和最大限度地满足他们的精神生活需要，帮助当代大学生积极构建充实的精神家园，明确人生的意义和价值，为实现其全面发展提供精神动力、智力支持和思想保障。

社会主义社会是一个开放的社会。开放发展、持续发展、协调发展和全面发展是社会主义社会的本质要求。开放是相对于封闭而言的，只有开放才能促进持续发展和全面发展。社会的全面发展并不是单向性的，而是双向性的，即包括个体人的全面发展和人类社会的全面发展。个体人的全面发展和人类社会的全面发展是一致的，两者是辩证统一的。

第三节　关于灌输社会主义意识的理论

“灌输”这一概念最初是由考茨基提出来的。他在谈论奥地利社会民主党新纲领草案时，认为社会主义意识不是从无产阶级的阶级斗争中间自发产生的，而是一种从外面灌输进去的东西。后来，列宁根据当时革命斗争的实践经验，对考茨基的提法加以确认和补充，从而形成了灌输理论。

一、关于灌输社会主义意识的理论的概述

在马克思主义经典作家中，首次明确提出“灌输”概念的是恩格斯。他在发表于《新道德世界》上的一文中说到社会主义在德国的“从宣传社会主义这个角度来看，这幅画所起的作用要比一百本小册子大得多。……

这幅画在德国好几个城市里展览过，当然给不少人灌输了社会的思想”[①]。而第一次提出灌输理论并进行系统研究的是列宁。

19 世纪末 20 世纪初，列宁在反对工联主义和“经济派”的斗争中，阐明了灌输原理。他认为，对于无产阶级政党的任何轻视，对于工人运动自发性的任何崇拜，对于社会主义思想体系的任何轻视和脱离，都意味着资产阶级思想体系的加强。因此，必须反对任何关于工人运动自发性的主张，将社会主义理论和意识从外面灌输给工人。他指出：“工人本来也不可能有社会民主主义的意识，这种意识只能从外面灌输进去。各国的历史都证明：工人阶级单靠自己本身的力量，只能形成工联主义的意识……”[②]在随后发表的《怎么办？》一文中又指出：“工人本来也不可能有社会主义的意识，这种意识只能从外面灌输进去”。这里“从外面灌输”主要包含两个含义：一是指“从经济斗争范围外面”，向工人灌输他们原来不了解和不掌握的先进思想、先进意识；二是指从工人同厂主的关系范围外面灌输给工人阶级意识、远大理想，指导工人从政治角度去认识无产阶级与资产阶级对立的性质，明确无产阶级的历史使命。在我国，毛泽东在 1938 年 5 月完成的《论持久战》一文中，用了“贯注”一词；1955 年在《中国农村的社会主义高潮》一书的按语中，毛泽东提出“政治工作的基本任务是向农民群众不断地灌输社会主义思想”。可见，马克思主义经典作家们对灌输理论进行论述时都基于这样的一种认识，即人民由于历史条件、时代特征和自身因素等限制，不可能自发地产生科学社会主义思想，因此只有从外面灌输进去，才能提高人民的觉悟。“灌输”是用马克思主义的立场、观点和方法去宣传、教育、组织群众，使其为群众所掌握，并变成群众的自觉行动的过程中所必须完成的任务和必须遵守的准则，而不仅仅是一种方法和方式。

接着，列宁又指出科学社会主义学说产生的过程，说：“社会主义学说则是由无产阶级的有教养的人即知识分子创造的哲学、历史和经济的理论中成长起来的。”“俄国社会民主主义的理论学说也是不完全依赖于工人运动的自发增长而产生的，它的产生是革命的社会主义知识分子的思想发展的自然和当然的结果。”[③]列宁进一步阐发的“从外面灌输”社会主义意识的理论主要包含四个方面的意思。第一，工人阶级自发的运动不能产生社会主义，只能产生工联主义。第二，社会主义理论学说是由革命的知识分

① 马克思恩格斯全集：第 2 卷[M]．北京：人民出版社：589-590．

② 列宁选集：第 1 卷[M]．北京：人民出版社，1995：247．

③ 列宁选集：第 1 卷[M]．北京：人民出版社，1995：247-248．

子总结实践斗争经验和他们所创造的哲学、历史和经济理论的基础上创造出来的。第三，社会主义理论必须从外面灌输给工人阶级，只有这样，他们才能掌握这一科学的理论。第四，提高工人阶级的认识能力，引导工人从政治角度去认识无产阶级与资产阶级对立的性质，明确本阶级肩负的推翻资本主义。建立社会主义的历史使命。列宁所主张的“灌输”，并没有像有的人解释的那样，是从外面“硬灌”，而是引导工人群众掌握科学的世界观和方法论，高屋建瓴地认识社会主义理论。灌输的过程，就是用马克思主义的立场、观点、方法武装群众头脑，引导群众树立科学的世界观和方法论的过程。

二、关于灌输社会主义意识的理论的注意事项

（一）灌输与自我教育相结合

马克思主义认为，必须将灌输与自我教育结合起来。灌输与尊重人民群众的历史首创精神是一致的。灌输先进社会意识的过程也是工人阶级自我教育的过程。灌输并不等于将社会主义思想硬塞进人的头脑。恩格斯在1886年、1887年两次给弗洛伦斯·凯利一威士涅威茨基夫人写信，告诫参加美国工人运动的德国工人阶级先进分子，不要把革命理论当作救世的教条硬灌给美国工人阶级。他说：“我们的理论是发展的理论，而不是必须背得烂熟并机械地加以重复的教条。愈少从外面把这种理论硬灌输给美国人，而愈多由他们通过自己亲身的经验（在德国人的帮助下）去检验它，它就愈会深入他们的心坎。”[①]这就是说，灌输的方法也是自我教育的方式。灌输必须在一定的环境条件下，引导帮助人们通过自己的切身经验去理解和掌握革命理论。

（二）灌输理论与人民群众在历史发展中的主体作用相统一

马克思主义既强调向人民群众灌输先进思想的必要性，又充分肯定人民群众在发展社会和发展自身中的主体性，并将两者密切结合起来。列宁曾指出：“马克思主义和其他一切社会主义理论不同。它既能以非常科学的冷静的态度去分析客观形势和进化的客观进程，同时又能非常坚决地承认群众（当然，还有善于摸索到同某些阶级的联系，并实现这些联系的个人、团体、组织、政党）的革命毅力、革命的创造力、革命首创精神的意义，

[①] 马克思恩格斯选集：第 4 卷[M]．北京：人民出版社，1995：460．

并且把这两方面卓越地结合起来。”[①]人民群众是创造世界和完善自身的主体，但是，也有必要接受教育和指导，这是两个不可分割的方面。在实际斗争和“三全育人”工作中，教育者必须充分发挥受教育者改造世界和完善自身的“革命毅力、革命创造力、革命首创精神”。同时，也必须尽到自己的教育和指导职责。社会主义制度的建立为丰富和完善“灌输”理论创造了充分条件，我们有责任在“三全育人”工作实践中，进一步丰富它、发展它、完善它。

三、新的历史条件下关于灌输社会主义意识的理论

随着改革开放和市场经济的发展，人的能力培养和个性发展问题日益突出，并成为“三全育人”的重要课题。一些人在强调能力和个性培养的同时又走上了另一极端，即否定灌输的必要性和重要性，不重视系统地向人们灌输社会规范。

对于今天来说，马克思主义经典作家对灌输理论进行系统论述的时代特征已经时过境迁，而教育对象的思想特点也发生了很大变化。这就使得人们产生一个疑问：在新的历史条件下，灌输理论是不是显得过时？

由于受到传统教育思想的影响，“三全育人”的全部任务仅仅被归结为“传道”，即向大学生灌输社会的政治、思想和道德规范，不重视培养大学生的能力和个性，甚至存在着否定和抹杀他们的个性的倾向，大学生仅仅被视为社会规范的接收器。这导致在“三全育人”中简单说教、硬性注入的现象普遍存在，而大学生往往也被按照统一的规格标准培养成缺乏个性和创造力的“标准件”。

实践证明，灌输理论是“三全育人”的基本原理，这一点不容轻视和动摇。首先，从所灌输的理论来看，真理理应需要大张旗鼓、不遗余力地去宣传。同时，马克思主义的科学世界观和方法论也不可能自发产生，不可能不学而知、不教而会。其次，从理论灌输的环境来看，面对各种利益关系的调整，人们的思想也呈现多样化趋势，马克思主义只有不断地灌输，才能抢占意识形态领域的阵地，使其理论形态转化为人们的思想观念，并最终转化为指导实践的物质力量。再次，从理论灌输的对象来看，尽管在当前我国改革开放的关键时期，人们的思想主流是好的，但也有一些丑恶现象严重侵蚀着人们的心灵；另外，广大青少年正处于世界观、人生观的形成期，可塑性强。

① 列宁选集：第 1 卷[M]．北京：人民出版社，1995：729．

这就需要仍然不能放弃正面理论的灌输和教育。最后，理论灌输不仅在社会主义国家普遍运用，而且在非社会主义国家也普遍运用。因为在任何具体社会形态中，统治阶级都十分重视意识形态领域的占领，努力把自己的政治思想灌输给每一位社会成员。正如美国政治学家奥勒姆所说的：“任何社会为了生存下来必须成功地向社会成员灌输适合于维护其制度的思想”。[①]

事实上，社会规范的灌输和个人个性的培养是有机统一的。首先，完整的思想政治品德结构应是社会规范和个人个性能力相统一的结构，培养大学生的思想品德能力是“三全育人”应有的内容。其次，人是共性和个性的统一，大学生的发展包括大学生的思想品德的发展，这既是一个社会化的过程，也是一个个性化的过程。没有社会化，大学生就不能适应社会；而没有个性化，大学生也不可能成为一个独立的、自主的、富有创造性的生气勃勃的主体。因此，我们必须克服片面的唯社会规范灌输的任务观，同时也要防止忽视甚至否定灌输社会规范的倾向。要确立灌输社会规范与培养能力和发展个性有机统一的新任务观，在改革教育方法中，提高灌输效果的同时，着力培养人的能力和个性，促进人的全面发展。

在当今“三全育人”遇到新的课题和挑战的条件下，坚持灌输理论，就必须要讲究原则和方法，以重建“灌输”理论，增强“三全育人”实效性。重点应从如下几个方面着手：第一，提高灌输主体的综合素质，增强“三全育人”主体的能动性；第二，重视灌输客体的能动性，遵循“三全育人”的内化规律；第三，精选灌输内容，增强“三全育人”的时代感；第四，坚持全程和全方位的灌输机制，增强“三全育人”的渗透力；第五，改进灌输方式，实行灌输方法由过去的单向灌输向双向交流转变、由单纯说教方式向耐心教育与解决实际问题并重方式转变、由落后简单的传统灌输手段向具有更多科技含量的现代灌输手段转变，以增强“三全育人”的针对性。另外，还要优化灌输环境。

第四节　社会主义精神文明建设的理论

人类社会的发展历程，既是物质文明的发展史，也是精神文明建设史。马克思主义经典作家尽管没有明确提出社会主义精神文明这一概念，但是

[①] 奥勒姆．政治社会学导论[M]．董云虎，李云龙译．杭州：浙江人民出版社，1989：365．

研究了人类文明产生和发展的规律，阐述了与精神文明相关的一系列理论问题。以马克思主义为指导的中国共产党人，在领导中国人民进行革命、建设、改革的过程中，始终关注精神文明建设问题。

一、社会主义精神文明建设的理论概述

马克思主义是关于自然界、人类社会和思维发展的普遍真理，它贯穿于社会主义精神文明的各个领域和各个方面，并极广泛地体现在社会主义精神文明的产品之中。因此，马克思主义的创立，标志着社会主义精神文明理论的形成。

毛泽东明确提出了新民主主义文化建设理论和开展社会主义教育的思想；邓小平在改革开放和现代化建设的实践中，不断总结历史经验，形成了社会主义精神文明及其建设理论，并在随后的实践中被江泽民、胡锦涛等继承和发展。总的来说，社会主义精神文明建设理论的内容主要集中体现为社会主义精神文明是社会主义社会的重要特征和社会主义制度优越性的重要体现；社会主义精神文明建设的目的和任务是提高全民族的思想道德素质和科学文化素质，培养“四有”公民；社会主义精神文明建设的方法是坚持“两手抓、两手都要硬”等。

中国共产党的精神文明建设理论，是十一届三中全会以后提出来的。1979 年邓小平明确指出：“我们的国家已经进入社会主义现代化建设的新时期。我们要在大幅度提高社会生产力的同时，改革和完善社会主义的经济制度和政治制度，发展高度的社会主义民主和完备的社会主义法制。我们要在建设高度物质文明的同时，提高全民族的科学文化水平，发展高尚的丰富多彩的文化生活，建设高度的社会主义精神文明。”[①]提出完整的社会主义精神文明建设理论，将建设高度的物质文明和高度的精神文明作为社会主义现代化建设的目标，是中国共产党对马克思主义理论宝库的重要贡献，是邓小平理论的一个重要内容和本质性特征。

二、社会主义精神文明建设与社会主义物质文明建设的关系

人类文明包含着物质文明与精神文明两个方面。人类文明发展的历史，就是物质文明与精神文明共同发展的历史。

精神文明反映了人们认识和改造自身的能力，是社会精神生产力发展

---

① 邓小平文选：第 2 卷[M]．北京：人民出版社，1994：208．

水平的标志。社会主义精神文明是社会主义物质文明的反映，是社会主义发展对人们思想道德素质和科学文化素质的必然要求，在精神方面体现了社会主义文化的质的规定性。

物质文明反映了人们认识和改造自然的能力，是社会物质生产力发展水平的标志。它们统一于人类认识世界和改造世界的社会实践过程之中，表现于人类社会生活的方方面面。社会主义物质文明是社会主义精神文明的基础，它为社会主义精神文明的形成和发展提供了必要的物质条件和重要经验，是社会主义发展对于生产力发展和经济发展的必然要求，在物质方面体现了社会主义文化的质的规定性。社会主义物质文明为社会主义精神文明提供基础，社会主义精神文明则为社会主义物质文明提供智力支持和精神动力，提供方向和思想保证。

物质文明与精神文明的共同发展。推动着人类社会生活的进步。社会主义物质文明与社会主义精神文明是辩证统一关系。二者之间是互相依存、互相渗透、互相支持、互相促进、互相制约、互为条件，不可分割，不可偏废的。偏废任何一方（如“一手软、一手硬”等）都是违背规律的。

邓小平同志深刻地阐明了“两手抓、两手都要硬”的方针，要求各级领导一手抓物质文明、一手抓精神文明；一手抓改革开放、一手抓坚持四项基本原则；一手抓经济建设、一手抓民主法制建设；一手抓改革开放、一手抓打击犯罪。1992 年邓小平同志在视察南方的重要谈话中再次阐明两个文明一起抓，都要硬的思想，说：“不仅经济要上去，社会秩序、社会风气也要搞好，两个文明建设都要超过他们，这才是有中国特色的社会主义。”[①] 江泽民同志多次论述和强调了“两手抓，两手都要硬”的方针。深入学习和掌握马克思主义精神文明建设的理论，对进一步完善高校“三全育人”工作理论和实践，搞好新形势下社会主义精神文明建设均具有重要意义。

二、深入学习社会主义精神文明建设的理论

高校“三全育人”工作是精神文明建设的基本措施，是两个文明建设的基本保证。在 21 世纪，我们要继续发挥高校“三全育人”工作的优良传统和政治优势，用强有力的“三全育人”工作，推动和促进精神文明建设的各项任务落实。深入学习和领会马克思主义精神文明建设理论，应掌握好以下几方面内容。

[①] 邓小平文选：第 3 卷[M].北京：人民出版社，1993：378.

第一，坚持马克思主义指导，努力提高大学生的思想道德素质。马克思列宁主义、毛泽东思想、邓小平理论是社会主义精神文明建设的指导思想，思想道德建设是社会主义精神文明建设的核心。在马克思主义指导下，加强大学生思想道德建设，应大力宣传马克思主义和党的基本路线、基本纲领，特别是用邓小平理论武装全党、干部和群众，引导人们坚定有中国特色的社会主义信念，树立科学的世界观、人生观、价值观；弘扬爱国主义、集体主义、社会主义主旋律；提倡社会主义、共产主义道德，深入开展以为人民服务为核心，以集体主义为原则，以“五爱”为基本要求的社会主义道德教育，加强社会主义民主法制教育，不断提高大学生的思想道德素质。

第二，努力培养“四有”公民。培养适应社会主义现代化建设需要的“有理想、有道德、有文化、有纪律”的合格公民，是社会主义精神文明建设的核心任务之一。“四有”集中体现了社会主义精神文明建设的整体性目标，是两个文明建设的最好结合点，反映了社会主义经济、政治、文化对社会成员的精神品质的全面要求。培养“四有”公民必将大大提高当代大学生的思想道德素质和科学文化素质，推进我国社会主义现代化事业发展。当代高校“三全育人”工作一定要深入贯彻社会主义共同理想教育和党的基本路线教育，实现以思想道德修养、科学教育水平和民主法制观念为主要内容的大学生素质的显著提高，使全体教职工和大学生达到“四有”的要求。

第三，促进教育科学文化事业发展，努力提高全民族的科学文化素质。社会主义教育科学文化事业内容十分广泛，包括教育、科学、文学艺术、新闻出版、广播影视、哲学、社会科学等。其中，文学艺术、新闻出版、广播影视、哲学、社会科学等是重要内容，教育和科学是基础工程。教育、科学、文化事业是社会主义精神文明的载体，是综合国力的重要标志，是社会主义现代化建设事业的重要组成部分。发展教育、科学、文化事业，是提高全民族的科学文化素质的基本途径。高校“三全育人”工作要为发展教育、科学、文化事业，提高全民族科学文化素质提供思想保证和精神动力。为此，要努力提高各级领导和全体人民对发展教育、科学、文化事业的认识；坚持文化为人民服务、为社会主义事业服务，贯彻“双百”方针；坚持团结稳定鼓劲的舆论导向，提高舆论的正面宣传效果；引导人们在继承和发扬民族优秀文化和革命文化传统的基础上，积极吸收世界优秀文化成果。同时，坚决抵制各种腐朽思想文化侵蚀，通过调动有关方面的积极因素，创造良好的社会思想文化环境。

高校“三全育人”是精神文明建设的一项基础性工作，是搞好物质文明、政治文明建设的基本保证。因此，在新形势下必须以社会主义精神文明建设理论为指导，重视和推进“三全育人”，以促进精神文明建设的各项任务的完成。

第三章　高校“三全育人”的方法研究

“三全育人”的工作方法，是指“三全育人”工作的主体为完成一定的工作任务，在对教育对象实施教育的过程中所采用的一切方式、办法或手段的总和。人们在长期的实际工作中创造和总结了许多针对高校“三全育人”工作行之有效的方法，如理论教育法、自我教育法、典型教育法、心理咨询法等，这些方法从认知、情感、体验、行为及其之间的相互协调推进为具体的作用路径，晓之以理、动之以情、导之以行，共同推进着当代大学综合素质的提高。

第一节　理论教育法

理论教育法，亦称理论学习法，是指有目的、有计划地向受教育者进行马克思主义理论教育，或由受教育者系统学习马克思主义理论，逐步树立科学世界观的教育方法。

进入新世纪，一方面，大学生正处于信息网络化、经济全球化的浪潮之中，面临着大量西方文化思潮和价值观念的冲击和某些腐朽没落生活方式的影响；另一方面，由于我国实行以公有制为主体、多种所有制经济共同发展的经济体制，大学生开始有了不同的奋斗目标和利益追求、不同的人生观和价值观。在这种情况下，大学生要保持清醒的头脑，正确认识和分析复杂的社会现象，不断提高思想道德修养和精神境界，更需要用科学的理论来武装自己的头脑。与此同时，随着社会进步和人类实践的发展，科学理论也在与时俱进，马克思主义特别是中国化的马克思主义理论体系正在不断发展和不断创新，因而大学生对科学理论的掌握也需要不断进行，思想政治教育中的理论教育也需要长期坚持、常抓不懈。

一、理论教育的地位

理论教育是思想政治教育的基本原则，这是对思想政治理论教育地位的界定。正确的思想观念和科学精神不能在人们的头脑中自发地形成，而只能通过学习、教育、宣传等方式进行。1902年，列宁第一次明确提出了科学的、系统的社会主义思想不可能通过自发的方式产生，而只能通过自觉地教育的论断。从此也就确定了思想政治教育进行理论教育的必要性。

理论教育是用马克思主义的立场、观点和方法，对人们的思想道德等方面的意识进行有计划的、系统的宣传教育，使之保持正确的政治方向树立正确的信仰和科学的世界观、人生观和价值观，形成正确的道德认识、养成良好的道德习惯，成为全面发展的具有完善人格的人。

运用理论教育法，应注意几点：一是要采取启发式方法，循序渐进地进行引导，防止填鸭式方法；二是要讲究针对性，讲解既要全面，又要抓住重点，找到理论与现实的结合点；三是要平等对待、尊重大学生；四是要深入浅出，以理服人，讲究理论教育的艺术性。

二、加强理论教育的必要性

（一）对大学生进行社会主义意识形态教育的需要

青年一代的人生意识既是一种个人意识，即个人对生活目的、生活意义的相对稳定的看法和态度；也是一种社会意识，即一定阶级、一定社会集团的意识形态。现实社会中的各种各样的人生观不仅是现实社会关系的折射，而且是一种历史文化和民族传统文化的沉积与演变。它一旦形成，就会成为推动或阻滞社会进步的重要的精神力量。国家的精神文明建设，离不开对公民进步思想认识的教育。要对青年进行社会主义意识形态的教育，必须加强思想政治理论教育。

（二）社会主义市场经济发展的需要

社会主义市场经济为我们探索社会主义的发展提出了一条崭新的思路，其中最重要的问题是坚持市场经济的社会主义性质，既保持社会主义制度的优越性又使经济发展有较快的增长速度。在社会主义制度与市场经济结合的相当长的磨合时期中，需要加强社会主义意识形态的系统灌输，并使之与市场经济相联系。思想政治教育作为经济发展的一个重要因素，它在经济发展中的作用表现在协调、整合，及对经济行为进行规范、约束和激励等功能上。而理论教育作为思想政治教育的重要途径，在市场经济深入发展过程中，是进行思想政治教育不可或缺的方式。

（三）信息技术的发展尤其是网络技术发展的需要

信息技术特别是网络技术的发展给人们的思想观念带来了巨大的冲击。在网络中，传播的信息种类多、含量大、速度快、更新频繁、手段现代化，具有浓郁的知识氛围，这对青年人全面成长与发展极其有利。但其中的多元化、庞杂化的信息，特别是西方意识形态的无时不在的渗透式的教育影响，也对人们尤其是青年人的思想意识产生了不可忽视的影响和熏染。这就要求我们必须利用现代化的教育技术，采取相对的回应。伴随全球信息化的进程，思想政治教育如何更新教育内容，创新教育手段，加强教育的效果是思想政治教育面临的重要任务。

三、理论教育法的依据

理论教育法作为高校“三全育人”工作中的一种重要的教育方法，它的提出和实施有其切实依据，有它的科学性。

（一）理论教育法是由人的思想政治品德形成、发展的基本规律决定的

根据现代思想政治教育学原理，所谓人的思想政治品德形成和发展的规律，是指揭示人们如何吸收、选择外部社会环境的影响，如何把现代社会一定的思想政治品德要求转化为个体自身的思想政治品质的规律。这是一种在社会实践的基础上，人的思想内外部因素相互平衡、相互协调和思想矛盾运动、转化的规则。换句话说，现代人思想政治品德的形成和发展，既是在现代社会实践基础上主客观因素相互平衡、相互协调的结果，又是主体内在思想矛盾运动转化的结果。

思想政治教育的对象是人，要解决的是人的思想认识问题，思想认识问题的解决办法只有一个，那就是用思想去解决，用另一种比较先进的思想去改变原有认识，而这另一种思想（在思想政治教育过程中我们称为社会思想政治品德要求）并不是受教育者自身能够认识到或者能够自发产生的。由于思想一旦形成就有其一定的稳定性，要对之进行改造或者发展，就必须要通过从外部教育另一种思想，才能引起受教育者思想内部的矛盾运动，促使其发生思想的变化与发展。由此可见，外部的理论教育是引起受教育者思想变化的动力。

（二）理论教育法是由思想政治教育过程的基本规律所决定的

思想政治教育过程的基本规律，是指教育者的教育活动既要适应受教育者的思想政治品德基础和发展要求，又要超越受教育者的原有基础，体现社会思想政治品德的客观要求。根据这一规律，我们可以采用理论教育法对受教育者进行思想政治教育。

如今处于信息全球化、经济一体化浪潮中的人们，正在前所未有地改变着思维方式和行为方式，更需要用与时俱进的科学理念武装和支持。毋庸置疑，当今的世界正前所未有地复杂起来，各种层次的交流、竞争、生长、消退在不停地加速进行，单个的人要适应不断复杂化的社会发展，要保持清醒头脑，明辨是非，正确抉择，就必须要用不断发展的科学理论武装自己。而在现代社会日新月异，科学理论不断发展，马克思主义特别是当代中国的马克思主义与时俱进、不断创新，需要我们进行不断地学习。另外，一个社会、一个国家要适应极其复杂、挑战与机遇并存的世界潮流，也需要具有深远的历史视觉、广阔的发展空间和坚实的实践基础的指导思想和信念为其意识形态。科学的、发展的理论思想的获得，必须遵循思想政治教育基本规律，从外部教育或通过人们的努力学习而进入人们的头脑。

（三）理论教育法是以尊重和相信人的理论为依据的

马克思主义一贯强调只有对人民群众进行教育，才能发挥他们的积极性、创造性；但同时也强调要教育群众就必须树立历史唯物主义的群众观点，树立起相信、尊重群众的根本态度。一方面，我们要相信群众是通情达理的，要尊重群众的创造精神；另一方面，我们又要通过说理教育的方法引导群众，即对人们的思想和行为加以说理引导，不断提高他们的思想觉悟，从而使他们更好地发挥潜能。

（四）理论教育法是以正确处理人民内部矛盾理论为依据的

思想政治教育所要解决的主要问题是人们的认识问题，它属于思想性质的问题。思想性质的问题一般是指人民内部思想认识上的各种矛盾。毛泽东同志在《关于正确处理人民内部矛盾的问题》一文中指出：“凡属于思想性质的问题，凡属于人民内部的争论问题，只能用民主的方法去解决，只能用讨论的方法、批评的方法、说服教育的方法去解决，而不能用强制的、压服的方法去解决”，“企图用行政命令的方法，用强制的方法解决思想问题，是非问题，不但没有效力，而且是有害的”。[①]毛泽东同志在这里所讲的讨论的方法、批评的方法、说服教育的方法，实质上都是理论教育的方法。

四、理论教育的具体方式

理论教育的具体方式是多种多样的，按教育的途径划分，有他人传授和自我学习；按教育的形式划分，有口头讲述和文字传播；按教育的作用划分，有形象感化和启发引导；按教育的范围划分，有普遍宣传和个别辅导。这里，讲几种常用的方式。

（一）讲授讲解法

讲授讲解法是最常见也是最常用的理论教育方法之一。按照教育形式划分，它属于语言教育，是指教育者通过口头语言向受教育者传授理论知识，解释有关概念体系，论证有关原则、原理，阐述有关规律，以使受教育者获得理论知识，从而达到教育目的的教育方法。最主要的表现形式就是目前我国高校普遍采取的“思想政治理论课”的形式，对广大学生进行理论教育。

1．讲授讲解法的层次

讲授讲解法有两个层次，即“述”与“解”。所谓述也就是讲授，以叙述和描述的形式对有关思想政治品德形象、现象、有关理论的发展过程进行讲授，这种方式将思想政治品德要求作为一种理论知识对学生进行教育。这是讲授讲解法的第一层次，让受教育者了解一定社会思想政治品德要求和理论是什么样子及其来龙去脉。第二个层次是解，所谓解也就是讲解、分析和论证，对有关思想政治品德要求和理论进行深入探讨，系统而严密地进行论证，使受教育者理解社会思想政治品德的要求和有关理论，从而为其“内化”奠定基础。

2．讲授讲解法的载体

讲授讲解法的载体一般是课堂教学。课堂讲授方式一直是各国思想政治教育（或德育）的重要方式。道德发展认知论认为：德行的发展与认知发展有密切关系，德行的发展不能超越认知发展水平[②]。也就是说思想品德

---

① 毛泽东著作选读[M]．北京：人民出版社，1986：762．

② 吴铎，罗国振．道德教育展望[M]．上海：华东师范大学出版社，2001：133．

修养的形成和世界观的形成是建立在了解有关知识的基础之上的，这正是课堂德育教学的理论依据。我国与外国在思想政治教育课堂讲授方式上的共同点在于，都根据本国国情和社会发展的需要制定培养目标，设立各自的与思想政治教育、道德教育相关的课程。据统计，1977－1978 年，全美 623 所大学开设了 2757 种道德教育课程[①]，课堂教学在国外还有不断强化的趋势，可见课堂教学方式的重要性。

3．讲授讲解法的主要原则

（1）注意讲授理论的透彻性和明确性。理论要彻底，才能抓住人的思想。所谓彻底，就是抓住了事物的根本，揭示其本质。教育者对于所传授的理论必须全面、系统地掌握，才能在教学过程中保证所传授理论的透彻性和明确性。也就是说，要说服他人，首先必须说服教育者自己。

（2）注意语言文字的使用艺术。一句话能使人笑起来，也可能使人跳起来，这就是语言文字的艺术。教育者要抓住受教育者的思想，除了有清晰明了的理论体系之外，还要有能够将理论的彻底性明确展示给受教育者的能力。在实践过程中，要善于摆事实讲道理。

（3）进行启发式教学。设置疑问、以疑造势是营造良好的课堂气氛的重要途径。提问具有激发作用，可以触及学生的求知心，使学生产生疑惑之情，从而激发思想上的波澜。大学生正处于思想认识向前发展的积累阶段，他们不仅对各种问题感兴趣，而且并不满足于接受某种现成的结论。他们喜欢独立思考，进一步钻研，并在朋友间展开争论，寻求令人信服的答案。这一心理特征，是思想政治教师进行教学的有利条件，因为任何研究，总是从提出疑问开始的。思想政治教育者要有高度的政治责任感和使命感，要善于设疑，引导大学生自己发现问题，积极思维，调动他们思想政治学习的自主性，造成学生钻研和探索思想政治问题的良好情势。

（4）防止填鸭式或注入式教学。不要将社会思想政治品德要求和理论变为死记硬背的教条，在课堂上念完了事，填鸭式或注入式教学是理论教育法的死敌。

（二）理论学习法

理论学习法主要是阅读马克思主义的经典著作，弄懂弄通基本原理，并结合实际进行运用，掌握马克思主义的立场、观点和方法。理论学习是

① 张晓明．美国大学的道德教育[J]．高等教育研究，1992（1）：17．

人们通过有组织、有计划地集体学习或个人学习来掌握马克思主义理论和党的路线、方针、政策的方法，是一种自我教育的方法。

阅读文字是理论学习的一种主要方式，主要是通过读书籍、报刊、网络文本进行的。读书活动是引导人们自己学习、思考、运用的一种自我教育方式。在思想政治教育方面，读书的内容是很多的，有政治理论、历史知识、法律知识、伦理道德、人生修养等，这些内容要同思想实际、工作实际相结合。组织读书活动的具体做法是：围绕某一专题或某一任务，提示读书范围，开列读书目录；进行必要的辅导，开展评议讨论；交流读书体会，举办知识竞赛；奖励读书优胜者，将读书活动引向深入。同时，读书活动不能仅限于自己读，还要交流、讨论、竞赛，这样可以把读书活动引向深入。

开展读报刊用报刊活动，是组织大学生学习党的路线、方针和政策，提高思想政治觉悟的常用方法。无产阶级革命导师，一向都把报刊视为传播真理，唤醒人民，组织队伍的重要手段，并把它作为党与人民群众联系的精神纽带。报刊同书籍相比，虽然政策性、时事性强，理论性、系统性有所不足，但它出版周期短，信息含量大，能及时反映情况，干预生活，进行导向，因此读者面广，影响力大，是进行思想政治教育的有效途径。在校大学生通过报刊的学习，可以及时了解领导的意图，提高执行党的路线、方针和政策的自觉性，从而有利于明确方向，统一认识，统一行动。开展读报刊用报刊活动，要同思想政治教育的具体要求结合起来，对报刊的内容要有选择，对大学生的阅读要有引导。

（三）理论培训法

高校“三全育人”工作方面的理论培训，就是围绕某一专题，确定理论学习内容，联系实际，以大学生的自学为主，同时对其进行必要的辅导，组织讨论和交流，达到提高和统一思想认识、有效指导实践的目的。理论培训是通过办培训班、讲习班来学习理论的一种方法。这种方法适应了高校学科建设和实际工作科学化的需要，受到广泛重视和应用。

1. 理论培训法的特点

理论培训法具有集中、深入和高效的特点。所谓集中，是指人员的集中、时间上的集中和学习内容及学习资料的集中，使研究力量集中到问题的一个点上，从而获得突破；所谓深入，是指人员有限，而占用资源量大，从而可以在讨论的学习中获得比单个人或者更大范围的学习活动能够更深入问题的核心；所谓高效，是指在限定时间内集中全部精力进行讨论和研究，比其他形式更能够在短时间内达到教育目的。

2．理论培训法的要求

理论培训方法，具有学习内容、学习人员、讨论问题集中的特点，有利于相互启发，加深对政治理论的理解；有利于相互交流，探索解决实际问题的办法。在运用理论培训时，首先，要根据大学生的实际需要确定专题，明确专题培训的目的。专题既不要太宽泛而不着边际，又不要太具体而陷于就事论事，专题应当是某一方面理论与主要实际问题的结合点。其次，要围绕专题，根据大学生的理论水平和文化水平选好学习书目和学习资料，既不能要求过高而难以掌握，又不能要求太低而学无所获。再次，要进行必要的辅导和组织适当的讨论。辅导和讨论是引导、启发、深化的一种方式。辅导和讨论要抓住重点、难点和理论与实际的结合点进行。第四，要进行培训检查。培训检查是了解大学生学习、掌握理论的广度和深度，以及分析解决实际问题能力的必要方式。

3．理论培训法的步骤

第一，必须明确培训的目的、方向和方式，也就是培训需要解决的问题、解决问题的方式，使参与培训的大学生具有强烈的目的性。

第二，要有相当质量的参考学习资料和细致的学习过程。学习资料可以是理论原著，也可以是论文资料、数据库，等等。

第三，学习过程要有良好的组织，通常是自主学习和辅导学习相结合。

第四，培训要有考核。考核就是要制定一个衡量标准，以促使培训优质高效地实现目的。

（四）宣传教育法

随着科学技术的进步和传播工具的发展，由大众媒介构成的环境对人们的思想观念具有广泛深刻的影响，人们时时刻刻处在这样的环境之中。宣传教育法是运用大众传播媒介向大学生传播正确理论和先进思想的方法，既有理论的阐述与辅导，也有典型的学习、运用示范。因此，利用大众传播工具，主要是广播、电视、录音、录像以及网络等，来开办专题节目，宣传正确的理论和思想，引导群众学习和思考，具有良好的效果。

1．宣传教育法的原则

宣传教育法主要应用于一定时期内党的中心工作、中心任务、基本路线的宣传教育和特定时期大学生的思想认识问题，以及国际国内重大事件的分析、宣传和教育等。其原则主要有：宣传教育所使用的理论要能与当时中国的实际、大学生的实际紧密结合，做到有理有据；宣传教育所使用的形式是多种媒介的组合，而且应当是最佳的媒介组合；宣传教育内容必须是事实，不能凭空讲理论、讲概念。

2. 宣传教育法的基本方式——专题讲座

专题讲座法是思想政治教育者就某个专门的思想政治问题作系统的讲述，使大学生对这一问题产生系统的思想认识。专题讲座法可以系统地阐述某个思想问题，例如十八大专题报告、科学发展观专题报告、抗震救灾英模报告、大学生文化素质专题讲座等。专题讲座的专题，大多是选择大学生关心的思想政治热点问题，通过听专题报告或讲座，使大学生获得对这一问题的系统正确的认识。专题讲座法是高校“三全育人”工作中经常运用的一种形式，一般分两个阶段进行，先是由讲座人就专题作系统讲授，然后留适当的时间与大学生作双向的思想交流，当场回答大学生提出的问题。

3. 宣传教育法的新方式——网络

在电子媒介中，网络是最具现代特色的传播方式，它信息量大、及时，视野最为开阔，并且能够做到声、光、图、文并行，既能对人进行外部引导，又能促发人的内部引导，其对人们的吸引力和影响力已经超越电影电视。从某种程度上来说，网络已成为一种社会舆论环境，一种强有力的社会控制力量，其传播内容具有公开性、显著性，报道快捷和时间上的持续性，知识信息积累大。因此，网络所提示和强调的意见很容易被认为是主流意见而被大学生所接受。因此当代高校“三全育人”工作要利用好网络这个新传播媒介，开展宣传教育。

（五）研究性学习法

在当代高校“三全育人”工作过程中，高校教育者不再仅仅是向大学生传授理论，而是主要教授学习、运用的方法。大学生学习和掌握理论也不再是被动地接收和储存，而是通过自己的探讨，结合实际能动地运用理论、发展理论。芝加哥大学教授施瓦布根据现代学习的特点，提出了学习实际上是“探究的过程和探究的方法”，以此来满足受教育者创造力培养的需要。布鲁纳的发现教学法也体现了受教育者的探究性与自主性，“发现学习就是以培养探究性思维的方法为目标，以基本教材为内容，使学生通过再发现的步骤来进行的学习。”还有问题教学法、程序教学法、学导式教学法等，其过程都是让受教育者通过研究来学习、发现知识，都是为了调动大学生的主动性和创造性，培养其学习、研究能力。

随着市场竞争的加剧和人的主体性增强，随着开放的扩大和社会信息化的发展，推进学习不断突破时空界限，形成了终身学习、学习型社会、学习型组织格局，也催促人们不断通过学习获得资源与创造能力。高校“三全育人”工作过程中的教育者、受教育者、教育环境之间的关系，再不是传统单向、单一的模式，而是呈现出多边互动、转化、交流的趋向，形成会谈式、合作式、研究式学习。

（六）个别谈心法

个别谈心法也叫谈话法，是教育者采用交谈的方式，引导教育对象运用事实、经验和政治理论、道德原则，分析和解决思想问题和现实问题的方法。这种在个别交谈中进行的教育方法，不仅能够彼此沟通思想、交流感情、增强信赖，从而解除教育对象的思想顾虑，把思想脉搏搞清楚，而且易于集中教育对象的注意力，启发教育对象开展积极主动的思维活动和思想斗争，增强教育针对性，提升教育效果。实施个别谈心法需要注意：一是谈话要富有感情，善于同教育对象交朋友；二是根据外界环境的状况和教育对象思想实际选择合适的谈心时机；三是注意掌握谈心的合理程序，导入、转接、正题和结束，在不同阶段处理好相应任务，从而使谈心顺利有效地进行；四是对于谈心中了解到的情况，如果是对方要求“保密”而又必须在一定组织范围内加以解决的问题，应严格组织纪律，不得任意扩大传播范围。

五、应用理论教育法需注意的问题

理论教育法虽然是高校“三全育人”工作经常、普遍使用的方法，但在运用时也是有条件的。离开一定的条件，这个方法就表现出局限性。在使用理论教育法时，教育者和受教育者需要注意以下几点：

（1）明确理论教育的目标和任务。理论教育主要是对大学生传授主流意识形态，具有明确的目标和任务。所以，教育者在教育时一定要注意目标明确，任务清楚。

（2）要完整准确地理解理论的内容，正确全面地领会和掌握党的路线和方针政策。采取断章取义，只言片语的方式进行学习和教育，不仅不能形成正确的思想和科学的世界观，还会导致思想上的混乱。

（3）要了解教育对象，做到有的放矢。理论教育一要对大学生的思想实际和他们关心的“热点”“难点”问题有的放矢；二要对大学生反映出的思想问题进行实事求是的分析，分清大学生思想问题的根结与性质，对症下药；三要针对不同的大学生的情况采用不同的方式，同样性质的问题，由于年龄、性格、经历不同，应对的办法也要有所区别；四要对大学生的思想反复进行持续性的理论教育，耐心引导，坚持不懈，逐步使他们提高思想认识，接受正确的观点。

（4）要吃透理论，坚持以理服人。教育者所传播和宣传的思想理论必须具有真理性，这是理论教育的前提条件，也是理论教育的力量所在。因为“理论只要彻底，就能说服人。所谓彻底，就是抓住事物的根本”。要抓住事物的根本，就要求我们所讲的理论，一要真，即实事求是，符合客观实际；二要实，即能说明实际问题；三要新，即汲取了新的认识成果和新鲜经验，这样才能使教育对象心悦诚服。

（5）要锤炼语言，讲究理论教育的艺术。语言是理论教育法实施教育的主要工具，通过语言来表达和传递一定的思想理论是说理教育法的重要特征。在理论教育法实施过程中，理论教育者需要通过与教育对象共同理解的语言符号系统，尤其是和思想品德相关的词汇和语言，如必须、应当、勇敢、诚实、热情、高尚、光荣、可耻等向教育对象明确提出素质发展的方向和要求，将一定社会的要求和相关的思想理论清晰明确地传递给教育对象，鼓舞、指导和帮助教育对象在思想品德方面不断发展完善。因此，教育者要下大功夫学习语言，研究语言，在力争准确表达自己思想的同时，灵活运用名人名言、历史典故、比喻幽默、童话寓言等，把费解的东西讲得通俗，把枯燥的东西讲得生动，把复杂的东西讲得简明，融思想性、知识性、趣味性于一炉，增强教育的感染力。

（6）运用理论教育法时，既要批判错误的理论与思想倾向，努力形成教育合力与综合效应；还要坚持正面说理，以理服人；又要能够寓情于理，激发大学生学习的情感和兴趣，启发大学生积极思维，使教育生动活泼，富有吸引力。

（7）要联系社会现实，重视让事实说话。科学的思想和理论都是来源和生成于丰富的社会实践，是从生动的现实生活经验中经过总结与抽象而来。同样，当我们试图以思维去把握它们的时候，也需要遵循这种由感性到理性的过程。理论“不是必须背得烂熟并机械地加以重复的教条。……越多由他们通过自己亲身的经验……去检验它，它就越会深入他们的心坎”[①]。“就知识的总体说来，无论何种知识都是不能离开直接经验的”[②]。这就内在地要求理论教育法在整个实施过程中不能单纯局限于抽象单调的理论推演，而要注意唤醒、重组与整合理论教育对象已经积累的直接经验，充分发挥这些经验对于提升理性的重要作用。“你要知道被宣传人的生活，从他的生活中找你说话的材料，找那些可以证明你所说理由的例子，而且利用他生活中常要听见的土话或其他流行的术语说明你的意思。人都希望听些新奇的道理，最不喜欢人云亦云的话；然而这个新奇的道理，若不用眼前的语句与例证来解释，却不能使他声入心通，不能使他听了全身爽快，丝毫不怀疑的相信你”[③]。

第二节　自我教育法

自我教育法是受教育者自己教育自己的方法，它是我国传统思想教育的一种重要方法，也是当代高校“三全育人”工作的重要方法之一。

一、自我教育法的内涵

（一）自我教育法的定义

自我教育法，是指受教育者按照思想政治教育的目标和要求自己教育自己，自己做自己的思想政治教育工作的方法。通过自我学习、自我反省、自我修养、自我批评、自我改造等方式，主动接受先进思想，主动提高自己思想政治素质，自觉纠正错误的思想和行为的方法。“教是为了不教”，自我教育法具有自主性的特点，有利于增强受教育者的自我教育的能力，也是尊重受教育者主人翁地位的体现。自我教育法是伴随着大学生自我意识的发展而发展的一种教育方法。

（二）自我教育法的特点

高校“三全育人”工作中的自我教育法，主要具有以下几个方面的特点。

---

① 马克思恩格斯选集：第 4 卷[M]．北京：人民出版社，1995：681．

② 毛泽东选集：第 1 卷[M]．北京：人民出版社，1991：288．

③ 恽代英文集：下卷[M]．北京：人民出版社，1984：698．

1. 主动性与针对性的统一

在思想政治教育过程中，自己既是自我教育的主体，也是自我教育的客体。这种主客体合一的教育方式，既使得教育者与受教育者能够有高度的主动性与自觉性，也使得大学生从自身内在的特点出发，不断提升自己，以达到社会道德规范所要求的水准。

2. 目的性与选择性的统一

从自我教育的内涵可以看出，在进行自我教育时，可以带着明确的目的去选择。在人生中，走什么样的路，树立什么样的世界观、人生观和道德观，每个人在解决这一问题的时候，虽然外部因素有一定影响，但内部因素是起决定作用的。自我教育客观地体现了这种要求，它把个人目的与选择有机统一了起来，使人的主观能动性得到正确而极大的发挥。

3. 社会性与个体性的统一

个人是组成社会的细胞，社会是个人生存和成长的空间。自我教育是一种将个人的社会性与个体性相统一的教育。自我教育既使个体的社会化程度得到提高，也使个体的价值在相应的社会关系中表现出来。

4. 体现了人的自我调节结构

从心理学的角度讲，人的个性心理结构中存在着调节结构——个体调节自己的个性，使之符合社会和环境的要求。这种调节结构包括自我观察与自我批评、自尊与自信、自我检查与自我监督三个方面。正是这种调节结构的存在，使每个人通过自我教育、自我修养而达到自我完善成为可能。

（三）自我教育法的作用

自我教育法的主要作用：一是有利于充分发挥大学生的主观能动作用，使大学生自觉主动地进行学习，自我修养、自我改造；二是有利于增强大学生的自我教育的能力。在自我教育过程中，大学生经常进行自省、自警、自励，养成自我监督、自我调节、自我约束的习惯，自觉抵制外界的不良影响，增强自身免疫力。

二、自我教育法的理论依据

自我教育作为思想政治教育的基本方法，它的提出和应用是建立在马克思主义哲学思想基础上的。

（一）内因与外因的辩证关系理论

马克思主义关于内因与外因的辩证关系理论，是自我教育方法的根本理论基础。马克思主义辩证唯物主义认为，任何事物的变化，外因是非常重要的因素，是不可或缺的条件，而内因则是决定性的因素，是根据；外因只能通过内因才能起作用。在思想政治教育过程中，思想政治教育者只能对受教育者灌输正确的理论，宣传正确的“三观”以及党和国家的路线、方针、政策等；对受教育者的思想认识、思想意识的问题，只能加以引导和疏通，而不能强迫更不能代替他们解决思想问题，真正解决问题的还是受教育者自己。他们必须提高思想觉悟，把思想政治教育者灌输的正确内容和引导，转化为内在的发展动力。

（二）历史唯物主义理论

马克思主义关于人民群众在社会历史发展中的作用的理论，是自我教育方法的重要理论基础。马克思历史唯物主义认为，人民群众是创造历史的主人，是社会的主人。当前，我国正处于社会转型的关键时期，人民群众仍然是推动我国社会发展的主体力量。人民群众的这种主人翁地位，决定了在思想政治教育中人民群众能够自觉坚持自我教育，主动提高自身的能力和素质。

马克思主义关于内因与外因的辩证关系理论，说明了在思想政治教育中实行自我教育的必要性和必然性；而马克思主义关于人民群众在社会历史发展中的作用的理论，则说明了在思想政治教育中实行自我教育的可能性和现实性。这从根本上体现自我教育方法的科学性。

三、自我教育法的具体形式

自我教育法分为群体自我教育和个人自我教育。群体自我教育是指一个集体内部的互帮互教，是群众自己教育自己的活动。个人自我教育的主体既是教育者，又是教育对象。个人自我教育有自我修养、自我总结、自我鉴定、自我改造等形式。教育家苏霍姆林斯基十分重视自我教育，他说：“教育这个概念在广义上就是对集体的教育与对个人的教育的统一。而在对个人的教育中，自我教育则是起主导作用的方法之一。”一个人在帮助和教育别人的时候，自己也受教育，而且是一种广泛的、经常的自我教育。群体自我教育的形式是多种多样的，有集体讨论，批评和自我批评，开展竞赛活动，以及运用群众中的典型等。高校“三全育人”工作中的自我教育法，主要是个人自我教育。下面从自我修养和自我管理两个方面着重介绍个人自我教育。

（一）自我修养

修养的内容很广泛，包括政治修养、思想修养、道德修养、文学修养等。所谓自我修养，是指人们在政治、思想、道德以及知识等方面进行自我教育和自我锻炼，以及由此而达到的一定程度和水平。在历史上，古代许多思想家倡导自我修养，提出了“修身养性”的一系列方法。但是，他们的所谓自我修养，往往片面夸大主观的作用。马克思主义所说的自我修养，是在社会实践中的自觉学习与自我锻炼，是在改造客观世界的同时改造主观世界。任何人的政治素质、思想认识和道德水平的提高，都不是凭空得来的，只有在长期的社会实践中不断进行修养，才能实现。只有在马克思主义指导下，在实践中自觉进行自我修养，才能适应社会的需要，并在推动社会发展的过程中不断完善自己。

自我修养的方法很多，这里列举几种主要方法。

1. 反省

反省即自我省察，是个人对自己的思想和行为进行检查对照，寻找差距和不足的道德修养方法。反省是通过自我认识、自我剖析、自我评价、自我监督，对以往思想和行为的再认识，是一个人思想和道德品质修养自觉性的表现，也是一个人政治思想水平提高的重要条件。

反省也可以称之为内省或自省，中国历史上儒家曾倡导这一方法。孔子在《论语·里仁》中写道：“见贤思齐焉，见不贤而内自省也。”孔子的弟子曾参提出了“吾日三省吾身”的主张。此外，儒家还提出了与自省、内省、反省相类似的自我修养方法，其目的是为了使人们自觉用剥削阶级的政治原则和道德要求检查自己，约束自己，以便维护剥削阶级的政治思想统治。因而，这些方法在剥削阶级社会里具有愚弄性和虚伪性。刘少奇在《论共产党员的修养》一书中，就引用了自省、反省、慎独等古代自我修养的方法，对古代自我修养的方法进行了必要的继承和改造，并在新的形势下有了新的发展。

2. 反思

反思这个概念，在马克思主义以前的哲学著作中使用比较广泛，在不同的哲学流派中有不同的含义。一般是指精神的自我活动和内心反省的修养方法。英国唯物主义哲学家洛克认为，经验按其来源可分为感觉和反思两种，感觉是外部经验，反思是内部经验，反思就是人的心灵以自己的活动为对象而反观自照，是一种思维活动和心理活动。唯心主义哲学家黑格尔则认为反思是以抽象的方式进行思维。

反思这个概念在思想政治教育中运用较多，它是指人们对以往的思想和行为进行系统的总结和深刻的理性思考。反思、反省都是主体的自我内心活动，但反思所涉及的内容不仅限于主体的主观因素，而且联系到社会、环境等客观因素；不仅分析思想和行为的现实状况，而且追溯思想和行为的来龙去脉。同时，反思对某一思想和行为的思考，不是就事论事的，不是简单地肯定或否定，而是要把它上升到理性的高度，运用一定的理论来揭示其实质。

正确进行反思，反思主体首先要加强自我认识，使自己成为自我思想和行为的观察者，并能发现自己的思想和行为同正确的方向、原则之间的差距，开展内心对话，把自我认识转化为自我教育。只有不断提高政治理论和道德水平，摆正主观同客观的关系，依照正确的原则进行判断，才能够正确进行反思。

3. 自我改造

自我改造虽然指的是主观世界的改造，但这种改造不是主体孤立的内心活动，是指在社会实践中，发挥主观能动性，自觉主动地进行自我剖析，自我批评，提高自己政治思想觉悟和道德水平的教育方法。社会实践是进行自我改造的基础，是推动自我改造的动力，也是检查自我改造成效的标准。

自我改造的过程，实际上是一个人自我完善的过程。自我改造的方法，是自我教育最有效的方法，它体现主体自我教育的自觉性与能动性，促进主体按照正确的目标，不断调整自己的思想和行为，逐步实现自我完善。有效进行自我改造，首先要学习马克思主义，在社会实践中掌握改造主观世界和客观世界的思想武器。其次要严格解剖自己，对自己实事求是，认识自己的长处和短处。

（二）自我管理

所谓自我管理，指的是自觉运用法纪、规章制度和道德规范约束自己，调控和控制自己的言行。人们为了不与同社会或他人发生冲突，就要用社会共同遵守的法规、制度和规范制约自己，管理自己。严格地说，每一个人一生中都离不开自我管理，因为每个人都要受自我意识的支配，指导自己的行动，协调个人同社会的关系。

在社会主义制度下，国家的宪法、各项规章制度以及社会主义的道德规范都是代表和维护人民群众根本利益的，它不是外部强加给人们的硬性规定，而是每个人都应该自觉遵守的准则。自我管理可分为个体自我管理和群体自我管理。个体自我管理则是个人按照一定的规章制度调控和控制自己的言行。群体自我管理是指正式群体和非正式群体中的成员，按照一定的规章制度互相制约、互相督促、共同遵守一定的规范，抵制、批评违反规范的言行。这种调控和控制主要有三种方式。

1. 自律

人们在社会生活中，必须协调自己与社会的关系，这就需要自律。自律就是自己约束自己，自觉地将自己的行为限制在一定的规范之内。自律包含了人们应有的自我监督意识和自我控制能力。个人自我监督和自我控制的程度主要取决于自觉性和文化、道德水平。一个人如果对自己的情绪、行为不加控制，就会对社会和自身造成危害。

2. 自制

自制就是自我控制，指个人对自己的思想、情感以及言行的约束和控制。自我控制主要是用理智的力量控制自己的感情冲动，制约越轨言行，不管受到什么样的外界刺激，都能使自己始终坚定正确的信念，指向正确的目标，并保证目标的实现。自我控制也与人的目标坚定有关，能够矢志不移地为实现一定目标而努力的人，自我控制能力也很强。自我控制与人的认识水平有关，对客观事物认识越深刻，人的自我意识就越成熟，自我控制能力也就越强。

3. 自我调控

所谓自我调控，就是教育者主要通过帮助受教育者自我认识、自我导向、自我控制来解决思想困惑、消除心理障碍的方法。大学生由于身心发展的不平衡、自我意识的增强与认知能力发展的不协调、情绪的不稳定性以及现代社会激烈的就业压力等因素，产生了一系列的心理危机现象。这就需要自我调控来解决了。自我调控，就是大学生要有自我认识的自觉性，能够了解自己，接纳自己，树立必要的自信心，同时大学生要具有自我把握、自我调控的能力，学会正确调整思维方式、心理结构，正确调整与环境的关系。

大学生在进行自我调控时，要注意以下几方面的内容：

第一，认知调控。大学生要正确认识现实，悦纳自我，树立坚定的社会主义信念，合理定位自己的学习目标、工作目标，使思维与心理达到平衡。

第二，高校“三全育人”工作者要积极引导大学新生适应大学生活，帮助部分大学生消除恐慌、焦虑等情绪反应，使大学新生适应大学生活，能够合理安排自己的生活。

第三，情绪调控。当今社会是一个开放性、多样化、变化快、高压力的社会，随着物质生活、社会生活、文化生活的提高与丰富，大学生的精神世界也在不断丰富与变化着。就业、恋爱等问题，对大学生造成了不小的压力。大学生要学会调控自己的情绪，以增强竞争能力与心理承受能力，让自己的大学生活过得充实、愉快。

四、实现自我教育法有效性的保障

在思想政治教育过程中，我们不能认为采取自我教育，教育者就可以撒手不管、不闻不问，而恰恰相反，仍然必须给受教育者以必要的引导。只有这样，才能使自我教育行之有效。具体来说，在受教育者自我教育的过程中，教育者要注重以下几个方面的引导。

（一）确立正确的目标

引导受教育者树立正确的目标，对受教育者的自我教育来说，是非常重要的环节。人们常说：目标是一种希望，也是一种强大的动力。从心理学的角度讲，无论是个人还是群体，只有确立起远大的奋斗目标，才能有较强的自觉奋斗精神。因此，我们在现实思想政治教育过程中，要引导和帮助受教育者确立切实可行的目标，然后通过受教育者在实现自己目标的过程中进行自我教育，增强自己的主体意识，提高自己的进取热情，使自己得到锻炼和提高。

（二）要以教育对象自我意识的发展水平为条件

这里的自我意识主要是指主体自己对自己进行自我认识、自我评价、自我监督、自我调适等意识活动。自我意识随着年龄的增长和学习工作经历的发展而发展，一般到青年期趋于成熟自我教育也是伴随着自我意识的发展而发展的。因此，在高校“三全育人”工作中，需要根据教育对象自我意识的发展水平为条件，不同年龄段的教育对象应采取不同的要求，合理地加以引导。

（三）提高自控能力

引导受教育者加强自我修养，提高自我监督和自控能力，是受教育者自我教育的另一个重要环节。提高自我教育效果的前提和基础，在于受教育者的自我监督和自我控制能力，所以思想政治教育者要随时引导受教育者加强自我修养，不断提高自我监督和自我控制能力。

（四）注意加强自我教育和教育之间的相互联系

人们自我教育的能力不是天生的，它是通过外部环境的影响，包括家庭、学校、社的教育的影响而形成。只有接受教育，接受外界的信息，然后经过自我加工，才能形成自我教育的能力；而自我教育能力的提高，反过来促使人们更好地接受教育，增强和巩固教育效果。所以，教育和自我教育的关系，是内因和外因的关系，外因只有通过内因起作用，这就需要加强教育的同时，积极引导教育对象进行自我教育。

（五）创建协调教育机制

事实上，思想政治教育中的自我教育，是受教育者在外在教育，即家庭教育、学校教育与社会教育的基础上建立起来的一种自觉的内在教育活动，同时也是外在教育最终的归属与期望，因为外在教育最终要通过内省来实现。而受教育者能否进行有效的自我教育，一个非常重要的方面，就是要协调外在教育，确立一致的教育目标，构建科学的价值观，从而自觉地进行自我教育。

第三节　典型教育法

一、典型教育法的定义及理论依据

所谓典型教育法，是指在思想政治教育中运用具有代表性的人物或事件对教育对象进行引导和教育的方法。从哲学的角度，典型是在一定的时期或一定范围具有相当程度影响的人物和事件，它能代表一类或一般事物的典型特征和本质、发展趋势或发展规律的个人或个案；典型示范教育就是通过典型教育使其吸收先进典型的有益成分，并对照自己的不足，吸取经验和教训，消除自己的不良思想和行为，提高自己的思想政治素质。典型教育是思想政治教育活动中经常使用的一种有效的教育方法，之所以要用典型教育的方法，有以下两点原因：

（一）客观事物的发展客观上存在不平衡性

唯物辩证法认为，由于事物内部存在着对立统一的矛盾运动，事物总是要不断向前发展的，但由于事物矛盾的特殊性，事物在发展过程中总是不平衡的。人类社会历史的发展也是不平衡的。在人类社会历史发展进程中，人民是推动社会历史发展和进步的根本力量，但每一个人所起的作用又是不一样的，因为每个人的思想和行为存在很大的差距，具体表现在每个人所处的环境、接受的教育、认识能力和水平上的差异，因而人们的思想境界和道德素养总是存在这样那样的差距，个体的思想政治觉悟总是有先有后的。人们实践的目的是要不断获得真理性的认识，但真理一开始并不是掌握在多数人手里，而是掌握在少数人手里，随着人们思想观念的转变和科学文化水平以及认识能力的提高，真理才逐渐为大多数人所掌握，真理才真正成为广大人民群众认识世界和改造世界的武器。也正是个体进步的差异性，才有思想政治工作的必要性，才需要用先进带后进，以示范效应影响后进者。

中国共产党是用马克思主义武装起来的先进政党，最善于用马克思主义的基本原理来指导革命、建设和改革的伟大实践，因而我们党历来都重视典型示范的教育作用。在革命战争年代，涌现出刘胡兰、董存瑞、罗盛教、黄继光、邱少云、张思德等无数革命英雄人物，毛泽东在《纪念张思德》这篇文章中，对张思德这样一个普通战士身上体现出来的大无畏的革命精神作了高度评价，毛泽东引用司马迁的话，“人固有一死，或重于泰山，或轻于鸿毛。”为人民利益而死，重于泰山，张思德同志是为人民利益而死的，他的死比泰山还重。指出为人民利益而工作甚至牺牲的价值。在社会主义建设时期，在各条战线中涌现出无数的优秀人物和事迹，如党的优秀干部焦裕禄，劳动模范王进喜，优秀共产主义战士雷锋，誓死保护国家财产和人民生命财产安全的优秀妇女向秀丽等等。在改革发展时期，涌现出无数的英雄人物和先进事迹，如党的好党员好干部孔繁森、牛玉儒、任长霞等。在抗击各种严重自然灾害，如抗洪斗争、抗击非典的斗争、抗冰雪凝冻灾害、2008 年的抗震救灾、2020 年抗击新冠肺炎疫情，涌现出无数可歌可泣的英雄人物。我们党通过组织典型人物或者先进事迹报告会，通过各种媒体宣传这些典型人物的感人事迹，通过各种优秀的作品塑造典型人物，以鼓舞广大人民群众。不管采用什么方式，典型示范教育都具有生动性、直观性，具有鲜明的立场和价值观导向，这种方法最容易说服人、感染人、鼓舞人，最终达到教育人的目的。

（二）人们的行为会普遍受到模仿心理机制的制约

现代心理学的发展证实，人们的行为普遍地会受到模仿这种心理机制的作用。人们自发地具有互相模仿、重复别人行为的趋向。在看到别人做好事时，常常也会去做好事，是因为做好事的人的言行给予人们一种良好的暗示，引起了模仿意向。同样，做坏事也会引起同样的模仿意向。这表明，人们对别人的行为并不是漠不关心，在感知别人的行为时，人的心理就在准备促使产生类似动作的条件，进而导致模仿行为的产生。所谓“见贤思齐，见不贤而自省也”，说的就是这个道理。模仿是人的社会本性的表现之一。17 世纪英国著名的教育家洛克在论述典型的重要作用时指出：“务必接受一个不容置疑的真理：无论给儿童什么样的教训，无论每日给他什么样的聪明而文雅的训练，对他们的行为能产生重大影响的依然是他周围的同伴，是他的监护人行动的榜样。”[①]在思想政治教育中，利用模仿的社会趋向来影响人的行为不仅是必要的，而且是可能的。

二、典型教育法的具体方法

典型是多种多样的，按典型的类型来划分，有单项典型、综合典型、全面典型；按照典型的性质来划分，有正面典型、反面典型；按典型的构成来划分，有集体典型、个人典型；等等。因此，典型教育法的具体形式也很多。这里，我们着重介绍正面典型教育法和反面典型教育法。

（一）正面典型教育法

正面典型又称先进典型、进步典型，是能体现或代表先进思想，在人民群众中起榜样示范作用的典型。正面典型的作用，就是榜样的作用，而榜样的力量是无穷的。正面典型教育往往有着极强的感召力和说服力，能起到激励和引导大学生奋发向上的作用。一方面，榜样所体现或代表的先进思想，常常寓于具体事例之中，易于学习和理解，具有很强的说服力，能够起到正面引导作用。另一方面，典型的先进事迹或英雄行为形象生动，易引起大学生在思想感情上的共鸣，这种共鸣又潜移默化地促进大学生思

① 沈国权．思想政治教育环境论[M]．上海：复旦大学出版社，2002：175．

想认识的提高，激励大学生效仿榜样的言行去做人做事，自觉控制自己的行为，逐步向着高尚的思想境界迈进。

运用正面典型教育法时应注意以下几点：一是要善于发现和推广具有时代感和代表性的典型。先进典型常常产生于我们身边的日常工作、学习和生活之中，需要去发现和识别。典型的选择要具有广泛的群众基础：既要树立全国性的榜样，又要树立不同类型、不同层次、不同行业的榜样，更要善于发现和树立本地区、本行业、本单位的典型。二是要注意对典型事迹的宣传实事求是以及典型的真实性和局限性。所以对典型的宣传、推广要实事求是，注意分寸、留有余地，决不能言过其实、任意拔高。三是要注意对典型的培养和教育，以关心爱护的态度对待典型。四是要教育大学生尊重典型，正确对待典型。任何先进典型都来自群众，尽管他们有超出普通人的一面，但并非也不可能是“完人”。只有全社会都来扶持典型、学习典型，典型之花才能常开不败。

（二）反面典型教育法

反面典型就是落后的或反动的典型，包括反面典型人物（也叫反面教员）和反面典型事例（也叫反面教材），是在人民群众中产生消极影响和对社会产生破坏作用的典型。利用反面教员和反面教材开展思想政治教育，就是通过揭露或批评其错误或反动的观点，给人以教训，使人引以为戒，或使人认清其反动实质，与此同时，宣传正确和进步的观点。从我们党思想政治教育的历史来看，注意利用反面教材、反面教员开展思想政治教育是我们党思想政治教育的一条基本经验。今天，用社会主义核心价值观引导社会思潮，是思想政治工作的重要任务，正确地运用这一方法也一定会发挥其应有的作用。总之，利用反面教材、教员开展思想政治教育，目的是把非马克思主义和反马克思主义的东西摆在大家面前，让大家分清其本质，从而接受锻炼，增强辨别和选择的能力。

运用反面典型教育法时应注意以下几点：一是要勇于面对反面教材和教员，并加以正确的判断和识别。对客观存在的反面教员和教材，不要避而不谈，有意回避，事实上也回避不了，反面的东西总是要寻找各种机会出现在人们面前，“不要封锁起来，封锁起来反而更危险[①]”。二是要引导大学生分析反面典型产生的根源及其危害，从而帮助大学生自觉抵制反面典型的消极影响，增强接受正面教育的积极主动性。三是要根据大学生不同思想水平，

[①] 毛泽东文集：第 7 卷[M]．北京：人民出版社，1999：196．

选取适当的内容，“种”上适当的“牛痘”。否则，不看对象，乱点“鸳鸯谱”，选取的“牛痘”不合适或种得过量，则会害多利少，甚至是有害无益的。

应用反面典型进行教育，不仅能有效消除反面典型的消极影响，还能够从反面强化正面教育，使正面教育更鲜明、更有力。应用反面典型进行教育的方法，可以使大学生从正面与反面的比较中，明确我们所要提倡的、肯定的思想和行为的正确性，并对我们所反对的、否定的错误行为和思想有所警惕，进行防范和抵制。

三、应用典型教育法需注意的问题

（一）选择典型要有广泛性、先进性和可及性

广泛性是指典型要具有广泛的群众基础，不搞“高、大、全”式的典型，典型要受到群众的拥护；先进性是典型人物的思想需要体现时代精神，代表社会发展方向，体现出崇高的思想境界，为广大人民群众所景仰，具有很高的知名度，这样的典型对教育对象的影响具有持久性；可及性则指常人经过努力可以达到。当代的改革者、开拓者和先进标兵等与大学生所处同时代的先进分子，由于他们有着相似的社会环境和教育环境，有共同的语言，具有更强烈的可比性，也更容易为大学生所接受和信服，从而收到更积极的教育效果。

（二）注意典型教育时机的选择

在思想政治教育中，运用典型教育时机的选择，充分发挥典型的时效性，任何典型都是一定时间、一定范围、一定环境的产物，离开其时空范围就难以发挥或引起大学生的共鸣，就不能发挥典型的示范作用。所以，要注意其教育时机的选择，充分发挥其时效性。

（三）宣传典型要实事求是

宣传典型要注意真实性。先进典型是生活中的人，人无完人，在总结树立典型时必须实事求是，一分为二，不能弄虚作假，言过其实。实际上，典型的宣传越真实贴切，越接近原型，就越具有吸引力和感染力，才会使人感到亲切、可学、愿意学，而不是感觉“可敬不可亲、可敬不可学”，敬而远之。宣传典型不能任意拔高，有时为突出典型人物的社会主义和共产主义道德，常常对典型任意拔高，忽视了现实的客观存在和人民群众的接受程度，这就弱化了典型人物的示范作用。

（四）推广典型要注意引导

在思想政治教育中，运用典型教育法时，要对典型进行正确的引导，正面典型主要是要引导大学生要以典型人物或事例为榜样，引导大学生向先进学习；反面典型主要是引导大学生吸取其教训，预防和警示自己的言行，将一些不正确的思想和言行消灭在萌芽状态，减少错误的思想和言行的影响。

（五）树立典型要爱护典型

爱护典型有两个方面：一是要旗帜鲜明地支持和保护典型，坚决改变一些地方存在的典型难树、先进受压的不良倾向，改变“木秀于林，风必摧之；堆出于岸，流必湍之；行高于人，众必非之”的落后思维，如果典型被流言蜚语所中伤诋毁，不仅使典型难以起到教育的作用，而且会打击其他人积极进取的心理；二是要帮助典型克服某些缺点和不足。保护典型不等于对先进典型护短、偏袒，帮助典型克服可能滋长的骄傲情绪、名利思想，对典型不断地提出更高的要求，使其能够不断进步是对典型的终极爱护。

（六）教育者应当以身示范

在进行典型教育时，思想政治教育教育者自己就应该是一个榜样，应当率先垂范。这是因为：一是可直接接触的典型比被中介传递的典型更容易被优先学习模仿。榜样的生活经历、思想状况等与教育对象越接近效果越好，所以教育者作为与大学生直接接触、最为接近的人应努力成为学习先进典型的“典型”，为大学生提供现实的“参照系”；二是地位较高的典型比地位一般的典型更容易被首先模仿，如在一项破坏交通规则的实验中发现，在通常情况下，破坏交通规则的人约占 1%。在身份较低的人带头破坏交通规则的影响下，破坏交通规则的人次上升到 4%，而在外表看起来有身份的人带头破坏的影响下，上升到 14%，这从反面说明领导和教育者表率作用的重要性，领导者和教育者应先修其身后施其政；三是典型的外部特征比其内部特征更容易被模仿，典型形象越直观，其作用越显著，教育者的行为能够给大学生以直接观感，可以增强感召力。

第四节　心理咨询法

心理咨询虽然产生于西方国家，但从我国社会生活中人们所出现的大量心理问题，以及由心理因素所导致的思想意识和行为偏差的现实来看，对人们进行心理疏导，是思想政治工作者的重要责任。

一、心理咨询法概述

“咨询”一词在西方来源于拉丁语，其意为商讨、劝告、质疑等；在我国最早见于《书•舜》中，“咨”意为商量，“询”意为询问。

（一）心理咨询的兴起与应用

西方国家的学校在德育教育中，非常重视心理咨询，心理咨询也颇受学生欢迎。所以，西方国家的学校普遍置了心理咨询机构——心理咨询室。在美国，很多学校把它作为学校的常设机构，拥有固定的编制和专门的工作者；在日本，近 80%的学校建有心理咨询机构；在其他发达国家，心理咨询机构都是学校组织结构不可或缺的部分。

（二）心理咨询法的概念

在思想政治教育过程中，心理咨询法是指运用心理学的专门知识和技术，通过语言、文字等媒体，对受教育者的心理、行为施加影响，使其认知、情感、态度发生变化，解决其心理问题，以维护其心理健康的方法。心理咨询的最终目的是帮助教育对象重新认识自我、接纳自我、实现自我的发展。在现代社会，引入、借鉴心理学的知识和方法，进行心理测试和心理分析，开展心理援助和救护，普及心理保健知识，提高心理素质，已经成为思想政治教育的有效途径。与思想政治教育的其他实施方法相比，心理咨询是一种比较特殊的方法。为了恰当地运用心理咨询方法，我们可以从以下方面来理解其内涵。

（1）心理咨询的对象是思想政治教育的对象，是存在心理困扰、心理冲突无法自我调节而要求得到帮助的正常人，并不是严格意义上的“心理疾病患者”。特别要注意的是心理咨询只针对要求心理咨询的正常人，凡是心理疾病患者或精神病患者都不能应用心理咨询。理解这一点特别重要，不少人把心理咨询当作是“有病”的人才去接受的一种“治疗”方法，这正是心理咨询有关知识普及不够的结果，在一定程度上对人们接受心理咨询起到了阻碍作用。因此，心理咨询遵循的是教育模式而不是医学模式，即心理咨询实际上并不属于心理治疗的范畴，而是属于教育范畴。

（2）心理咨询是一种受过训练的专业人员为来访者提供帮助，使其行为或情绪发生变化的社会互动过程。这一过程是教育工作者与教育对象之间通过交谈、启发和指导的平等互动过程，而不是来访者的倾诉，也不是咨询者的灌输，更不是自上而下的告知教育。教育工作者只是协助教育对象解决问题，而不是代替他们解决问题，这些是心理咨询既不同于一般教育手段，又不同于心理治疗的特点所在。它不仅为保护人们的身心健康所必需，而且是塑造健全人格、开发人的潜能的有力手段。

（3）心理咨询的特殊对象是青年学生，目的是要使教育对象的认知、情感、态度或行为发生变化，以维护教育对象心理健康为最终目的。这是由现代社会环境和青年自身特点所决定的。其一，从青年学生所处的社会环境来看，社会生活工作节奏快，激烈竞争不断增强，社会开放性大，各种社会事物与思想并存，造就了现代社会的丰富多变性。丰富多彩而又变化多端的社会事物和思想影响着阅历和经验以及心理准备不足的青年人，他们的精神、心理状态起伏较大，一旦发生变化，就容易发生心理方面的问题。在市场经济时期，物质利益在社会生活中越来越重要，教育所强调的理想道德与现实社会存在的反差往往使很多青年产生强烈的失落心理，这对青年人心理状态有着格外强大的影响力。其二，从现代青年人的自身发展状况来看，青年刚刚开始面对社会，面对人生选择，相对于他们较浅的阅历和有限的思维水平，尚处于青春期“心理断乳期”，在自我发展过程中，很容易产生心理困惑和问题。比如在高校中，友情与爱情、合作与竞争等人际交往中的困惑是比较突出的青年心理问题的成因之一。而社会用人标准和用人制度的变化带来了更加激烈的就业竞争，出国、考研、工作之间的抉择和矛盾同样考验着青年的心理调适能力。

总而言之，将心理咨询有关方法和理论应用于当代高校“三全育人”工作中，是更好地遵循思想政治工作规律，继承和发扬党的思想政治工作优良传统，与时俱进，改革创新的客观要求，也是加强针对性、实效性，不断增强高校“三全育人”工作活力的重要途径。

二、思想政治教育与心理咨询的关系

在思想政治教育中引入心理咨询的方法，不仅使思想政治教育对象心理变化的客观需要，同时更是因为思想政治教育目的和心理咨询目的不存在根本差别，在应对教育对象心理问题、促进教育对象发展方面具有内在相通性和一致性。

（一）思想政治教育目的和心理咨询目的不存在根本差别

心理咨询的根本目的是使来访者从心理健康的偏离状态回复到健康状

态，并促进个体的全面发展和自我实现；而思想政治教育的根本任务也是促进个人的自由全面发展。虽然两者处理问题的层面不一样，但都是一种处理心理、思想问题的艺术，其根本目的均是促进个体的全面发展和自我实现。从这个意义上说，心理咨询与思想政治教育在促进教育对象发展方面具有共通之处和联系基础。

（二）思想政治教育实施过程中具体问题的处理原则与心理咨询过程中的客观性不存在冲突

在思想政治教育过程中，教育者的要求也许与教育对象具体个人想法存在着不一致。但在我国社会主义条件下，个人利益与集体利益、国家利益在本质上的一致性，决定了思想政治教育过程中思想政治教育者的角色身份与教育对象并不存在着根本对立冲突，即使有冲突存在，也是非对抗性的冲突，可以通过平等客观的方式来解决。正如在心理咨询过程中，咨询员可以不认同来访者的价值观念，而以客观的态度对待来访者。在思想政治教育过程中，尽管教育对象暂时无法从全局和总体的高度认识到个体发展与社会发展之间的辩证关系，但这并不妨碍思想政治教育者以平等、尊重和同感的态度来帮助教育对象，引导其做出最适合自己个人发展的选择。

（三）开展心理咨询拓展了思想政治教育的思路

随着改革开放和社会主义现代化建设的发展，人们的思想道德观念发生了巨大深刻的变化，思想政治教育的形态也发生了深刻的变化，进而，思想政治教育概念的外延也发生了较大的变化，心理咨询作为丰富思想政治教育的路径之一进入思想政治教育领域，不断拓展着思想政治教育的思路，影响着思想政治教育的内容、路径和方法。自20世纪80年代心理咨询工作在高校普及以来，思想政治教育自身概念的外延得到拓展，越来越多的学者主张把政治教育、思想教育、道德教育、心理教育作为思想政治教育的基本内涵。《中国普通高等学校德育大纲》《教育部关于加强普通高等学校大学生心理健康教育工作的意见》明确提出，要把心理健康教育作为高等学校德育的重要组成部分。党的十七大报告更是明确提出了“加强和改进思想政治工作，要注重人文关怀和心理疏导，用正确的方式处理人际关系”的要求，首次把通过心理路径加强思想政治教育写入了党代会报告，反映了党对心理咨询工作的重视，体现了思想政治教育的时代性和发展性。

三、心理咨询的作用

（一）调适作用

心理咨询可以通过平等、真诚的相互沟通，帮助教育对象调控情绪、调适心理和调整人际关系，从而达到提高心理承受能力，保持良好心理状态的目的。人的思想和心理是随着客观世界的变化而变化的，这种变化有两种可能：一是朝着正确的、积极的、进步的方向变化，二是朝着错误的、消极的、落后的方向变化。心理咨询的作用就是要使前一种变化合理地进行，而对后一种变化进行有效的抑制。

（二）激励作用

心理咨询的激励作用集中体现在对人的精神鼓励上，就是运用多种手段，充分调动人的积极性和主动性，恢复或增强自信心。心理学研究表明，每个人都喜欢被关注、被欣赏。心理咨询过程以积极关注作为必要因素，通过不断发掘和肯定咨询者自身所具有的优势和积极方面，调动他们的内在的、能动的积极性，鼓励他们在活动过程中显示自己的主动自觉的进取精神，鼓励他们学会欣赏自己、树立自信，从而使心理咨询发挥了思想政治教育的作用。

（三）预防作用

心理咨询的预防作用是指教育者在了解教育对象的心理问题同时，帮助教育对象准确地了解自身的心理素质和心理健康状况，及时提醒教育对象预防心理问题的加重和可能出现的其他心理困扰或心理障碍，并为教育对象提供相应的心理健康知识和预防方法，使其掌握心理调控的主动权。心理咨询的这种预防功能是建立在预测心理发展走向、把握思想发展趋势的基础之上的，通过这种预防，能够防患于未然，将人们产生心理障碍和发生心理疾病的可能性减少到最低程度。

心理咨询的调适、激励、预防等作用和“助人自助”原则，使心理咨询方法在高校“三全育人”工作中发挥了巨大的教育功能，帮助大学生在面临坎坷环境或挫折中重新找回力量，使大学生通过心理咨询不仅清除了心理障碍，重新审视自我，恢复了自信心，同时也提高了分析问题、解决问题的能力。实际上，心理咨询法进一步提高了高校“三全育人”工作的效能。

四、大学生心理咨询的内容

高校“三全育人”工作心理咨询的内容一般包括以下几个方面。

（一）自我意识发展咨询

自我意识就是大学生认识自己、认识自己与环境之间关系的过程。伴随青春期生理方面的变化，大学生的逻辑抽象思维能力也大大提高，生理变化和思维能力的相互作用，使得他们更多地开始考虑他人如何看待自己，他们开始运用特定地信仰体系或道德标准推论世界应该如何。[①]在这一过程中，他们开始从儿童性混乱期向着同一性自我意识发展过渡，表现出对传统知识、信仰的挑战。同时，他们经常陷入自信与自负、自卑与自尊、自控与失控等一系列矛盾之中，形成心理疑惑。这就需要自我意识发展咨询予以调适和缓解。

（二）青春萌动咨询

青春萌动期在心理学上称为青春期发育暴进和初情期，被认为是一个矛盾、焦虑、暴躁和压抑的时期，是从儿童向成人过渡的时期。心理学经验研究表明，一般人的性成熟从 12 岁开始，伴随着身体变化的是其个性的迅速发展，整个内分泌系统形成一种既相对抗、又相协作的复杂关系，机体成长系统的内部紊乱将直接影响到中枢神经系统的活动，最终引起大学生的心理和情绪上的紊乱[②]。这是生理性活动——性心理活动的特别体现，主要表现为：性冲突（如性成熟引起的性需求和现实情况的矛盾等）、性害羞（如有意识回避有关性话题的谈论）和性偏好（对异性的倾慕和追求）等。青春萌动是大学生心理问题的一大来源，青春萌动咨询就是为了端正青年对于性的认识、消除青年在这个时期的困惑和恐惧、增强其应对适应能力而进行的活动。

（三）情感咨询

伴随性成熟而来的是初情期的发展。一方面，这表现为大学生的情绪化，情绪急剧变化，易走极端；另一方面，这表现为青年渴求情感与理解。如何使青年掌握情感和谐，“教会怎样去爱，怎样理解情感、爱情，教会他

---

① 埃克森．心理学：一条整合的途径[M]．阎巩固译．上海：华东师范大学出版社，2000：492-493．

② 丘德诺夫斯基．苏联德育心理研究[M]．太原：山西省教育科学研究所，1982：304-305．

们做幸福的人，就是等于教他们尊重自己，赋予他们人的尊严”[①]，就成了情感咨询的主要任务。

（四）人生准备过程咨询

大学生的人生观初具雏形但还没有定型，有既成性和可塑性的双重特点，他们对传统的知识、信仰有依赖的一面，又有反抗的一面。他们在尝试着运用各种各样的思想方法来考虑问题。遇到的各种疑难都将对大学生的心理产生复杂的影响，这突出地表现为他们对自己的未来和现实的焦虑。人生准备过程咨询就是要通过沟通、对比、交流、引导等方式，使大学生步入健康的人生发展轨道。

五、心理咨询法的具体应用

以多种多样的心理咨询理论为基础，可以衍生出形式多样的心理咨询方法。这些方法聚焦于教育对象的实际心理问题，以教育对象自愿求助为基础，注重保密与价值中立，讲究程序性和科学性，在实际咨询过程中相互融合和促进，共同帮助来访者重建心理健康。

（一）疏导咨询法

它通过咨询者和咨询对象建立良好关系，对咨询对象进行疏通引导，从而达到解决心理问题，消除心理障碍，促进身心健康的方法。

其核心程序是先“疏”、后“导”。首先，创设让咨询对象拥有充分表达自我的氛围和机会；然后，咨询者有针对性地对咨询对象加以正确教育和引导。疏导咨询法是一个多种咨询法的集合体，“疏”有很多具体的方法，“导”也有很多具体的方法可供使用。具体地说，运用疏导咨询法要注意以下三个方面：一是咨询对象是心理咨询的主体。一切心理问题的解决或心理障碍的消除都是咨询对象自己进行的，咨询者起到的只能是引导咨询对象发现自己，从新的角度来认识自己，树立自信和自己克服困难和障碍的勇气。咨询者要特别注意鼓励咨询对象，引导他们自己做出决定和判断。咨询者应当在咨询过程中注意教给咨询对象自我解决相同问题的办法，让咨询对象明白自己是解决一切问题的关键，从而树立培养自我认知、自我矫正、自我调控能力的意识。二是咨询者与咨询对象要建立良好的人际关系。整个心理咨询过程具有和谐轻松、平等交流的氛围，使咨询对象能够

[①] 马卡连柯．马卡连柯全集：第4卷[M]．北京：人民出版社，1959：220．

畅所欲言。咨询者在倾听过程中务必做到全身心投入，一方面是集中注意力收集咨询对象的背景信息，另一方面是给咨询对象一个明显信号，即咨询者对他特别关心和热情。三是咨询者要尽快地从咨询对象的叙述中找到症结所在，找到相应的解决方案，想方设法让咨询对象开展思考，引导咨询对象分析问题所在，找到原因和相应的解决方法，从而促进心理问题的解决或心理障碍的消除。

（二）精神分析法

精神分析法是指通过对来访者生活史及人格结构进行深度分析，帮助来访者重建人格以达到治疗目的的咨询方法。咨询的目的是帮助来访者重新建构人格，获得全部的自我了解，达到心智的成熟。其涉及范围和领域不仅包括个体意识层面，也包含个体无意识层面。其咨询过程主要是咨询师通过自由联想、梦的解析、个人生命史的分析等技术，从来访者无意识冲突中唤回其自知力，进而帮助来访者打破旧的联结，建立新的联系，改变其人格结构，以达到人格的重组。精神分析法，包括经典的精神分析和新精神分析的各种理论和方法。

精神分析技术主要包括自由联想、阻抗和防御分析、移情分析及梦的分析等。其中自由联想就是鼓励来访者尽量自由地、无拘无束地表达自己的想法，不要介意所说的是否正确。咨询师会说：“在治疗中你需要做到的是，任何在你头脑中出现的想法、情感、幻想，不要加思考、不要加判断，立即说出来。”或“你想说什么就说什么。事实上，想到什么就说出来最有帮助。”自由联想技术旨在帮助来访者更充分地谈论自己，使人们的“内心真情”好像能够在不知不觉中流露出来。阻抗和防御分析是指对来访者自由联想过程中的谈话中断、叙述缓慢、沉默不语等“阻抗现象”，咨询师可以在先期指出其阻抗的基础上，与来访者一起探索为什么要阻抗，以及想要防御的是什么。移情则是指过去生活经历中某些重要的人际关系无意识地在咨访关系中表现了出来。在精神分析治疗中，移情是一种有力的治疗方法，因为当这些关系在咨询室中再次重现时，治疗师通过移情分析就能够观察到来访者早期人际关系情况，进而对之处理并促进咨询进展。而梦的分析则是通过研究梦的内容和梦的工作来了解来访者的潜意识。梦的分析依赖于来访者对梦展开的联想，这是分析梦的基本原则。另外，要注意在治疗的不同阶段，体现不同的侧重点。在治疗早期，梦的解释更注重病人目前的经历而不是过去的经历，而在治疗中后期，则要运用梦去指出潜意识的愿望、恐惧和冲突。

（三）交友谈心法

交友谈心法是指咨询者为咨询对象创造良好的人际关系来解除其心理障碍或心理疾病的方法。该方法要求咨询者充分关心、理解及信任咨询对象，帮助其建立起良好的人际关系，使咨询对象消除与人机环境的障碍或隔阂。具体说来，运用交友谈心法要掌握以下方面：一是咨询者要为咨询对象创造一个充满关爱的环境，使咨询对象感受到温暖和人之间的关怀。使人融入集体之中能在某种程度上消除人的孤独感和恐惧感，融入了群体的个人会感到拥有一种强大的力量，他还会受到群体的情感传染和暗示作用。二是咨询者要和咨询对象建立真诚、信任和平等的互动关系。咨询者和咨询对象在咨询过程中是相互合作，达到共同目标的一个社会互动过程，在这个过程中，双方的人际关系至关重要。咨询者可以通过耐心、细致地倾听咨询对象的诉说，给予咨询对象关爱等方式获得这种和谐的人际关系。

（四）行为疗法

行为疗法是基于现代行为科学的一种非常通用的心理咨询方法，是根据学习心理学的理论和心理学实验方法确立的原则，对个体反复训练，达到矫正不良行为的一类心理咨询方法。行为疗法强调，当事人的症状即异常的行为或生理功能，都是个体在其过去的生活历程中，通过条件反射作用即学习过程而固定下来的。因此，也就可以设计某些特殊的治疗程序、学习的方法来消除或矫正那些异常的行为或生理功能，或通过建立新的健康的行为来代替它们。行为疗法常用的技术主要有以下几种。

1．强化法

可分为正性强化法和负性强化法。正性强化法是当来访者出现所期望的心理与目标行为，或者在一种符合要求的良好行为之后，采取奖励办法，立刻强化，以增强此种行为出现的频率，故又称奖励强化法。负性强化即对某不良行为给予惩罚，使某行为与摆脱厌恶刺激相结合，使该行为减少。因此负性强化是通过厌恶刺激来抑制不良行为的，从而建立良好行为。一旦出现某良好行为，便立即减少或撤除其原来经受的痛苦、厌恶刺激、惩罚或情景（等于给他“负性奖励”），并使其日后在同样情况下，获得相同的“释放”，从而增强其良好行为的出现率。

2．系统脱敏法

这是一种逐步去除不良条件性情绪反应的技术，其操作步骤主要有三步：一是肌肉松弛训练；二是建立害怕事件层次；三是实施脱敏。实施脱敏有两种方法：想象系统脱敏和现实系统脱敏。

3．冲击疗法

这是系统脱敏法的一种变形，是强迫来访者想象焦虑（恐惧）的物体或情境，使其体验强烈的焦虑（恐惧），并维持这种水平，直至焦虑反应自行消退。然后给予新的刺激，再引起高度焦虑，如此反复进行，达到焦虑（恐惧）明显减退为止。

4．示范法

由班杜拉依据社会学习示范法创立，包括现场示范法、参与模仿法、自我示范法、电影电视或录像示范法，以及想象模仿法等多种类型。

六、心理咨询的形式

作为一种专业性极强的方法适用于思想政治教育中，其形式也是多样的。常见的形式有以下几种：

（1）现场咨询。现场咨询就是教育者或邀请咨询机构的专业人员深入到广大学生当中，为更多的受教育者提供多方面服务的一种咨询形式。

（2）电话咨询。电话咨询是通过打电话或发短信进行交流和咨询。这是一种较为方便而又迅速及时的心理咨询方式，可以及时帮助思想或心理有问题的人排忧解烦，有效预防因心理危机而酝酿的自杀与犯罪等行为的发生。

（3）专栏咨询。专栏咨询主要是通过报刊、广播、电视等大众传媒形式对群体的典型心理问题进行解答。这种咨询形式通过专家对一些典型心理问题的答复，可以使很多学生受益。

（4）网上咨询。网上咨询是随着互联网技术的发展和普及，各学校或大型单位建成的校园网或局域网设立心理谈心室或心理咨询坊，由专业的教育者或咨询者主持，广大受教育者随时可以通过网上咨询，宣泄思想情绪或困惑，克服心理障碍，促进良好心理素质的培养。网上咨询由于快捷、虚拟，可以使双方更加畅所欲言，达到充分的交流和心理的抚慰，其应用性越来越广。

七、应用心理咨询法需要注意的问题

尽管从理论上并不存在思想政治教育者不能从事心理咨询的理由，但在具体的心理咨询过程中，有些问题处理不当，也会影响心理咨询的过程和效果。因此，思想政治教育者从事心理咨询时应特别注意一些问题。

（一）准确了解咨询对象

了解咨询对象的基本情况，是有效进行心理咨询的前提。具体来说，一是要客观地了解咨询对象的年龄、学历、政治面貌、家庭情况等有关背景；二是要弄清楚咨询对象心理问题的症结所在，以便有的放矢，切实进行引导帮助。

（二）避免角色冲突问题

虽然在心理咨询过程中，思想政治教育者和心理咨询人员之间的角色并不存在本质的冲突，一个思想政治教育者可以暂时摆脱自己的思想政治教育者的身份，以心理咨询人员的身份进行心理咨询活动，等到教育对象心理层面问题解决了以后，再进行思想政治教育层面的工作，但是如果这两个阶段处理得不好，或者在咨询过程中，没有把心理咨询者和思想政治教育者的角色关系处理好，也会造成一些矛盾和冲突。处理这类问题的最好办法是建立来访者利益优先、避免多重关系的发生、明确限定等基本的工作原则和伦理准则。来访者利益优先是指在心理咨询过程中，应以来访者利益为重，更多地从来访者的角度来思考问题，要时常问自己：“我的行为是不是能使来访者的利益最大化？”据此来调整自己的角色关系。避免多重关系则是指当自己执教或担任辅导员的学生前来咨询时，应适当转介。因为多重关系有可能会使思想政治教育者造成角色冲突，在咨询过程中丧失处理问题的客观性，妨碍咨询的有效开展。明确限定的原则是指咨询者要能把握自身局限，对不属于或不适合于以思想政治教育为背景的心理咨询问题，采取及时的转介，不在超出自己能力范围的领域工作。

（三）科学把握心理咨询的主要对象

生活在现实社会中的人，都不同程度地存在着心理问题，有的人能够自我调节，有的则要通过外部的心理咨询进行调节，也就是说，现实社会中的不少人都是心理咨询的对象。但从思想政治教育的角度来看，青年大学生则是主要对象。因为，当代社会的转型和它的复杂性，对大学生影响很大，使得他们既有适应的一面，也有不适应的一面。一方面他们思想活跃，情感丰富，敢想敢为；另一方面，他们中的不少人由于缺乏社会生活经验，容易被纷繁复杂的社会现象所迷惑，导致不同程度心理问题的产生。只有在提高他们思想政治素质的同时，增强心理承受能力，才能适应社会的变化。另外，从人的生理发展来看，青年时期是人生转折的重要阶段。由于改革的深入，许多大学生面临着学习、就业、工作等多重压力，不少人陷入了烦恼、苦闷之中。对这部分大学生如果不进行适当的心理引导，有的可能产生偏激行为，有的可能导致心理变态，甚至走向违法犯罪道路。所以，青年大学生是现实思想政治教育中心理咨询的重点对象。

具体来说，我们在思想政治教育中对大学生的心理咨询，包括心理障碍咨询、心理适应咨询和心理发展咨询等三个方面的内容。

（四）关注思想政治教育者专业技能问题

心理咨询是一个专业性比较强的职业，一个思想政治教育者掌握了思想政治教育的理论与方法，并不能代替心理咨询方面的专业训练。我国劳动与社会保障部颁布的《心理咨询师国家职业标准》规定，任何一级心理咨询人员都必须具有相应的基本文化条件，并接受劳动和社会保障部门认可的培训机构培训，要求掌握的基础知识包括普通心理学、社会心理学、发展心理学、心理健康与心理障碍、心理测验学、咨询心理学、与心理咨询相关的道德与法律知识等；心理咨询人员的晋级培训须有一定的期限：心理咨询员不少于 720 个标准学时，心理咨询师不少于 520 个标准学时，高级心理咨询师不少于 320 个标准学时。在此前提下，通过理论考试和实际能力考核以后，经过一定时期的在专业人员督导以后才能颁发相应资格。因此，思想政治教育者要想成为一个心理咨询师，应接受系统培训，并在有专业经验的咨询师的督导下进行自我分析和临床实践，逐渐培养起心理咨询的专业基础和工作阅历。

（五）运用科学的咨询方法

从国外来看，不同的国家有不同的心理咨询理论和方法。在发达国家，心理咨询的方法由传统发展到了现代。它们的心理咨询方法我们可以借鉴，但其方法是以西方心理学理论为基础的，而且其运用也受到范围和条件的制约，所以，我们不能生搬硬套它们的方法。我们在思想政治教育心理咨询过程中，要运用已经在实践中形成的“引导咨询法”“交友谈心法”“自我调控法”等咨询方法，也要根据我国社会和人的发展趋势，探索新的心理咨询方法。因此，应把借鉴、继承和创新有机结合起来，形成系统的心理咨询方法，确保高校“三全育人”工作心理咨询法的有效性。

第四章　高校“三全育人”管理研究

人类社会的存在和发展离不开管理。管理存在于人类社会生活的各个领域、各个部门，大到国家，小到家庭，凡有人群的地方，都离不开管理。高校“三全育人”是一个复杂的系统工程，这一工程一刻也离不开管理。高校“三全育人”实施的过程，就是对高校“三全育人”管理的过程。离开高校“三全育人”的管理，不但无法协调高校“三全育人”的方方面面，处理好各种矛盾，影响高校“三全育人”的效果和目标的实现，而且有可能使高校“三全育人”失败。因此，高校“三全育人”的管理是十分重要的。

第一节　高校“三全育人”管理的价值

一、高校“三全育人”管理的地位

有价值、有作用才有地位。高校“三全育人”管理的地位主要取决于自身价值和作用，并集中反映在高校“三全育人”管理的作用上。

（一）高校“三全育人”工作的载体和指挥中心

高校“三全育人”在高校的教育中居于主导地位，高校“三全育人”管理作为高校“三全育人”工作的组成部分，其地位依附于高校“三全育人”的地位。同时，我们还可以从高校“三全育人”工作自身的角度，看高校“三全育人”管理的地位。在高校“三全育人”工作中，思想政治教育管理是整个思想政治教育工作的载体，它把零散的思想政治教育要素在空间上按一定规则组合起来，在时间上按一定程序指令使其运行，并在运行中实施有效地控制，进而实现高校“三全育人”目标。高校“三全育人”教育方向、“三全育人”教育功能、“三全育人”教育效率、思想政治教育质量等无不靠高校“三全育人”管理来保证，离开了高校“三全育人”管理，高校“三全育人”的工作将失去载体、失去控制，成为一盘散沙。从目前高校“三全育人”工作实际看，人们对高校“三全育人”内容、途径、方法研究得比较多，而高校“三全育人”管理研究得比较少，高校“三全育人”的工作效率不高、质量不高、力度不够等许多问题的出现，几乎都源于高校“三全育人”管理工作跟不上。因此，高校“三全育人”管理在整个高校“三全育人”中的地位越来越突出。

（二）高校管理的重要组成部分

高校管理包括多方面内容，思想政治教育管理是重要内容之一，而且是一项牵涉面广、内容复杂、政策性、原则性很强的管理工作。它既涉及各类管理人员，也涉及各类服务人员；既有政治方向、意识形态问题，又有经济政策、生活待遇问题等。因此说，思想政治教育管理是高校管理中最为复杂、牵动全局的工作，直接关系到高校各系统根本任务的完成。认真抓好高校“三全育人”管理是高校教育贯彻党的路线、方针、政策的前提，是坚持社会主义方向的重要措施。

（三）各级党委和政府的主要任务

1994 年，《中共中央关于进一步加强和改进学校德育工作的若干意见》明确指出：“各级政府要为德育工作在人力、财力、物力等方面创造必要的条件，切实解决德育工作中存在的实际困难和问题。教育行政部门要把德育工作作为主要业务之一。”2004 年，中共中央、国务院《关于进一步加强和改进未成年人思想道德建设的若干意见》指出：“各级党委和政府要把加强和改进未成年人思想道德建设作为一项事关全局的战略任务，纳入经济社会发展总体规划，列入重要议事日程，切实加强和改善领导。要形成党委统一领导、党政群齐抓共管、文明委组织协调、有关部门各负其责、全社会积极参与的领导体制和工作机制。”进一步强调了各级党委和政府对思想政治教育的领导责任。各级党委和政府对思想政治教育的领导主要体现在思想政治教育管理上，制定政策，提供条件，解决实际困难，对思想政治教育工作进行检查、监督、评估等。这表明，高校“三全育人”必须依靠上级领导部门的重视和支持，创造良好的高校“三全育人”氛围和环境；高校“三全育人”管理工作，必须纳入各级领导部门的议事日程，定期研究，加强领导，摆到重要位置上。这从侧面表明了高校“三全育人”管理的重要性。

二、高校“三全育人”管理的价值

（一）有助于正确把握高校“三全育人”的方向

“三全育人”教育具有预测、决策、计划、控制等功能，同时还有检查监督、目标管理等方法，这些功能和方法对于把握思想政治教育方向具有很好的作用。作为思想政治教育管理的最高层次，党和国家通过制定法规、提出意见来明确思想政治教育方向和大政方针；高校通过思想政治教育管理使之贯彻到具体的思想政治教育实践中。从组织领导的角度而言，高校“三全育人”管理对于保证思想政治教育方向具有最直接、最有效的作用。我们不仅要看到，更要重视并善于发挥高校“三全育人”管理对思想政治教育方向的控制和保证作用。

（二）有助于完善高校“三全育人”的功能

“三全育人”教育具有灌输、矫正、激励、引导、关怀、服务、保证等功能。这些功能的发挥，必须靠理论来指导，靠制度来规范，靠组织来协调，靠监督来制约。这些管理职能如果被忽视，难免会出现重灌输轻引导，重矫正轻关怀，重激励轻服务等倾向。通过强化管理，不仅可以使广大教师明确思想政治教育的功能，而且可以不断完善思想政治教育功能，全面、充分地发挥思想政治教育多样性作用。

（三）有助于增强高校“三全育人”的活力

高校“三全育人”管理通过制定相应的政策、制度，对广大教师予以引导，并通过教育、关怀和尊重调动他们开展思想政治教育工作的积极性和创造性，激发教师做好思想政治教育工作的责任感和主动精神，从而增强高校“三全育人”的内在活力。如对高校“三全育人”工作者在政治待遇、生活待遇、职业待遇等方面实行鼓励政策，都可以激励高校“三全育人”工作者重视思想政治教育、热心参与思想政治教育，在各自的岗位上，心情舒畅、精神饱满地做好思想政治教育工作，进而为思想政治教育增添活力。

（四）有助于发挥高校“三全育人”的整体优势

高校“三全育人”管理通过组织、协调、指挥等职能，把校内外的所有可调动的思想政治教育因素科学、合理地组织起来，按着统一的目标和计划相互协调地发挥作用，这个作用可以大于各个部分功能之和。目前，我们所倡导的全员育人、全方位育人、全过程育人、环境育人等思想政治教育思路和格局，是靠思想政治教育管理来实现的。特别是在思想政治教育环境、思想政治教育对象发生某些变化时，对思想政治教育全局性的调整只能靠管理来实现，形成统一意志、统一行动，使思想政治教育的整体优势得到充分发挥。

（五）有助于提高高校“三全育人”的质量

高校“三全育人”管理的重要目的就是提高思想政治教育工作质量和实现育人目标。通过建立思想政治教育质量保证体系、完善思想政治教育工作控制系统和健全思想政治教育约束机制，高校“三全育人”管理可以紧紧围绕思想政治教育目标和思想政治教育质量标准，实施一系列保证和提高思想政治教育质量的管理举措，并通过科学、合理地发挥思想政治教育各要素的作用，达到预期目的。事实也是如此，是否强化高校“三全育人”管理，对高校“三全育人”的质量的确带来了不同结果。在同样的环境、人员、工作等条件下，加强高校“三全育人”管理，高校“三全育人”的质量就有保障；反之，高校“三全育人”质量就失去了控制。

第二节　高校“三全育人”管理的原则

一、科学发展观原则

（一）科学发展观原则的内涵

这是高校“三全育人”管理的首要原则，它规定了高校“三全育人”管理的发展理念，确定了高校“三全育人”管理发展的基本准则，强调了高校“三全育人”及高校“三全育人”管理的人本意识、全面意识、协调意识、可持续意识。概括地说，科学的思想政治教育发展观主要包括以下三个基本内涵。

1．以人为本

人是推动思想政治教育发展的主体，发展要靠人，思想政治教育发展的目的更是为了人。强调以人为本，既植根于中华民族历史文化土壤，又来自现代思想政治教育实践。坚持以人为本，是科学的思想政治教育发展观的核心内容，促进学生全面发展是科学的思想政治教育发展观的重要目的。在实施思想政治教育管理中，我们必须根据人的思想政治状况、特点来调整、完善组织结构的要素、整合配置，紧紧围绕人的思想来创造适宜的条件，以人为本，充分发挥人在管理中的重要作用，组织实施对人的思想政治教育的最佳配置。思想政治教育的领导者和管理人员要当好服务员，紧紧围绕转变人的思想等精神世界这个中心来开展工作。他们是为人服务的，应该树立尊重人、关心人、爱护人、平等待人，以使人性和人的思想得到完善的发展，使每个被管理者都得到自由全面的发展。管理工作者要从他们的物质需要、精神需要和发展需要出发，使他们的思想等精神方面得到健康的发展，为人的全面发展营造良好的社会环境。

2．全面、协调、可持续发展

全面、协调、可持续发展作为科学的思想政治教育发展观的基本内容是相互联系的整体。全面是指各个方面都要发展，协调是指各个方面的发展要相互适应，可持续强调思想政治教育发展进程的持久性、连续性和可再生性，三者是科学的思想政治教育发展观的重要体现。

3．统筹思想政治教育管理的各个要素

即统筹思想政治教育的理论与实践与职业技能教育，统筹各系统思想政治教育与家庭、社会教育等的诸多因素，进而提高思想政治教育的主动性、针对性和有效性。

坚持科学的思想政治教育发展观原则符合马克思主义辩证唯物论的基本观点。马克思主义的基本原理告诉我们，社会发展的过程，是生产力与生产关系、经济基础与上层建筑不断相互适应与协调的过程，也是人与自然、人与社会的相互适应与协调的过程。高校“三全育人”的科学发展，就是坚持发展的辩证法，以联系、连续的观点，系统的观点，全面的观点认识人的发展的全面性要求与社会发展状况的相互关系，自觉有效地调控思想政治教育管理各要素的矛盾运动，使其达到协调和统一，促进学生素质与社会文明向更高的水平迈进。

（二）科学发展观原则的作用

1．高校“三全育人”价值观上的新飞跃

科学的思想政治教育发展观是以人们对发展问题的新认识为依据的，或者说是以现代思想政治教育观为依据的。思想政治教育的价值观经历了三个发展阶段：一是以追求思想政治教育的政治价值为核心的思想政治教

育价值观，在以阶级斗争为纲的年代始终占主导地位。二是以追求思想政治教育的政治价值和经济建设价值并重的思想政治教育价值观，强调思想政治教育必须为培养建设者和接班人服务，在以经济建设为中心的年代占主导地位。三是以追求人的全面发展为核心的思想政治教育价值观，这是党的十六届三中全会提出科学发展观以来人们对思想政治教育价值认识上的飞跃。

2. 适应了高校“三全育人”管理人本原理的基本要求

高校“三全育人”管理的根本任务是充分发挥学生的能动性，建立学生与其他思想政治教育管理要素之间的有机联系，最大限度地提高思想政治教育的整体功效。思想政治教育管理是多因素的复杂活动，在所有这些因素中，人是最根本的因素，是思想政治教育管理的核心。因此，要坚持以人为本，尊重人、依赖人、培养人、服务人，促进人的全面发展，努力提高人的素质。思想政治教育管理的原理是思想政治教育管理原则的根据，人本原理必然要求人本原则与之相呼应，在高校“三全育人”管理实践中得以体现。

3. 提高高校“三全育人”管理水平的迫切需要

提高高校“三全育人”管理水平离不开正确的思想政治教育管理原则的规范。科学的思想政治教育发展观规定着思想政治教育发展的本质、目的、内涵和要求，决定着思想政治教育发展道路、发展模式和发展战略，对思想政治教育管理具有重大影响。科学的思想政治教育发展观要求高校“三全育人”管理必须坚持以人为本，实现思想政治教育工作和思想政治教育对象的全面、协调、可持续发展，统筹思想政治教育，进而提高思想政治教育的主动性、针对性和有效性。

二、目标合理性原则

（一）目标合理性原则的内涵

思想政治教育目标确定得是否合理，既反映出思想政治教育管理的水平，也决定着思想政治教育的效果。长期以来，我国高校“三全育人”目标的确定偏重于国家意志、远大理想、社会本位和政治标准，忽视教育对象的主体需求和个体差异，缺乏思想政治教育目标的层次性和渐进性，缺少市场经济条件下的现代人格培养要求，用一个统一的难以被受教育者向往的模式去塑造所有的受教育者，最终造成高校“三全育人”目标与思想政治教育实际的脱节，不能发挥其引导发展、提升人格的作用，有时甚至会产生消极影响和逆反心理，思想政治教育的声誉毁坏了，受教育者独立自由的思维、创造的意识、批判的精神等个性心理素质发展需求被忽略和抑制了。因此，迫切需要科学合理地确定思想政治教育目标体系。高校“三全育人”管理的重要任务就是根据思想政治教育目的制定思想政治教育目标。这就要求高校“三全育人”管理必须坚持思想政治教育目标合理性原则，使思想政治教育目标合理定位、层次分明、可行有效。

目标是指在一定时间内所要达到的具有一定规模的期望标准，是预先设计的量和质的标准和规格。高校“三全育人”目标是一定社会对教育所要造就的社会个体在品德方面的质量和规格的总的设想或规定。高校“三全育人”目标告诉我们应该怎样做和达到什么样的水平，它既体现了高校“三全育人”的指向性、计划性，又制约着思想政治教育的内容和方法。高校“三全育人”目标是以未来的结果为指向，是行为愿望和行为结果的辩证统一，是衡量高校“三全育人”成效的标准。同时，高校“三全育人”目标也是各系统（部门、单位）通过实施高校“三全育人”，使大学生在政治、思想、道德、心理素养等方面所达到的水平及其标准，是各系统（部门、单位）思想政治教育实践的预期效果。

高校“三全育人”目标的构成不是单一的，而是由多个目标项构成的。一般说来，高校“三全育人”目标可分为纵向目标和横向目标两大类。纵向目标由远期目标、中期目标、近期目标构成。横向目标由总体目标和具体目标构成。不管是纵向目标还是横向目标，每一个目标的提出都是出于一定的利益考虑，如国家利益、民族利益、政党利益、社会利益、集体利益、家庭利益、个人利益，等等。

坚持思想政治教育目标合理性原则是高校“三全育人”管理者在思想政治教育管理实践中为提高思想政治教育的整体功效，发挥思想政治教育目标的统领、激励、整合和提升作用所必须遵循的一项重要准则。第一，要坚持思想政治教育目标主导性与针对性的统一，根据党和国家的要求，高校结合自身特点确定科学合理的思想政治教育目标。第二，要坚持与时俱进，根据时代变化和社会需求不断调整思想政治教育的具体目标。第三，要坚持实事求是、适度超前的原则，克服理想主义、教条主义和主观主义，在确定思想政治教育目标的过程中避免出现盲目拔高或庸俗化的错误。第四，坚持以正确的思想政治教育功能观为指导，合理确定思想政治教育目标及其体系，只有基于正确的思想政治教育功能观才能使思想政治教育工作者的实践立足于其该做且能做的事情上，基于现实，才能卓有成效，由此提出的思想政治教育目标才能发挥应有的作用。

（二）目标合理性原则的作用

1. 体现了党和国家对思想政治教育工作的要求

制定和推行行为规范，要以促进受教育者全面发展为出发点和落脚点，反映时代和社会进步的要求，体现对受教育者的尊重与信任，引导受教育者自觉遵纪守法。这同党中央的要求是一致的。为此，我们要做好以下工作。

（1）对不同的大学生，我们要分别规范其基本言行，培养良好行为习惯教育，进行爱祖国、爱人民、爱劳动、爱科学、爱社会主义思想政治教育，引导他们树立正确的理想信念和世界观、人生观、价值观。

（2）我们要制定和推行行为规范，以促进大学生全面发展为出发点和落脚点，反映时代和社会进步的要求，体现对大学生的尊重与信任，引导大学生自觉遵纪守法。

（3）我们要坚持贴近实际、贴近生活、贴近大学生的原则，既遵循思想道德建设的普遍规律，又要适应大学生身心成长的特点和接受能力，从他们的思想实际和生活实际出发，深入浅出，寓教于乐，循序渐进。

2. 符合我国社会发展的现实要求

教育是通过培养社会所需要的人来为社会服务的，它从根本上体现了社会及其发展对年青一代的要求，是一项兼具时代性和永恒性的事业。思想政治教育目标总是要以社会发展为参照的，坚持思想政治教育目标合理性的基本要求就是立足现实，充分考虑现实社会对受教育者思想道德发展的影响和要求，实事求是地提出思想政治教育目标。

我国正处于社会主义的初级阶段，要大力发展社会主义市场经济，建设社会主义和谐社会，这是最基本的社会现实。加入世界贸易组织以后，我国的建设和发展将在更加开放的环境中进行，要全方位地参与到国际竞争中去，这些新的社会形势也将对高校“三全育人”提出新的要求。高校“三全育人”目标的确定必须适应这一特定的历史阶段，充分考虑社会发展状况。

3．符合受教育者身心发展规律的要求

随着生活的渐趋独立，自主意识的日益增强，认知能力的不断提高，大学生开始进入人生观、价值观、世界观的定型期，思想政治教育目标的确定，必须尊重学生的身心发展特点，运用理论的力量和民主的方法，强化自我教育，提升他们的道德境界和人格品位。把社会要求逐渐“内化”为个体思想、观念、理想、信念，进而再把这种内在的素质“外化”为行为习惯。因此，确定高校“三全育人”目标，既要注重人文、历史、理论素养以及观念、信仰等要求，也要强调知行统一等层面上的要求，注意克服以往重理念、轻实践的偏向，克服部分层次，统一要求，目标过高的弊端。

三、管理协调一致原则

（一）管理协调一致原则的内涵

具体说来，高校“三全育人”管理协调一致原则的内涵主要包括以下两个方面。

1．高校“三全育人”管理理论与实践相统一

实践是辩证唯物主义认识论首要的基本观点。人的认识离不开实践，实践也离不开理论的指导。高校“三全育人”管理实践也是社会实践的一种，其目的是提高高校“三全育人”的有效性，发挥高校“三全育人”运用符合经济社会发展要求的科学理论、思想道德观念、法治思想和观念等塑造大学生的思想，转化大学生的思想，提高大学生的觉悟，调动大学生的积极性的作用。

实践是理论的源泉，是检验理论正确与否的唯一标准。理论与实践相统一，是马克思主义的基本原则。大学生要想在学习和生活中取得成绩，就必须做到主观和客观、理论和实践的统一。在社会实践活动中，大学生的各种思想、观念都会暴露出来，高校“三全育人”就是针对在社会实践中大学生暴露的问题进行的转化思想、提高觉悟、调动积极性的过程。在长期的高校“三全育人”管理实践中，高校“三全育人”管理者会不断地总结经验，增长才干，提高高校“三全育人”管理水平。因此，高校“三全育人”实践是高校“三全育人”管理存在的条件和发展的动力。

同时，高校“三全育人”管理实践，必须有高校“三全育人”管理理论的指导。有了高校“三全育人”管理理论的指导，就会头脑清醒，方向

明确，目的清楚，行动自觉，效果显著；有了正确的高校“三全育人”管理理论的指导，就会不断增强高校“三全育人”管理的有效性，进而提高高校“三全育人”时效性。因此，高校“三全育人”管理者要认真研究思想政治教育管理理论，注重用理论武装自己，指导实践，做到理论与实践相统一。

2. 高校“三全育人”管理与各项工作相统一

我们党历来注重思想政治教育，不断加强思想政治教育管理。在我们党的历史上，无论是民主革命的胜利，还是社会主义革命和建设的取得的重大成就，都是以思想政治教育为保证的。高校“三全育人”管理与各项工作相统一，发挥高校“三全育人”管理对各项工作的保证作用，结合经济、政治、文化、社会等各项事务，在“结合”“渗透”上下功夫，克服“两张皮”的现象，是目前高校“三全育人”必须着力解决的重大课题，是高校“三全育人”不断增强时效性的关键环节。

（二）管理协调一致原则的作用

坚持思想政治教育管理协调一致原则必须加强思想政治教育环境建设，优化思想政治教育氛围。在优化和选择思想政治教育环境时，首先要意识到思想政治教育环境可分为校内思想政治教育环境和校外思想政治教育环境。校外思想政治教育环境按其构成要素分为经济环境、政治环境、文化环境；校内思想政治教育环境分为校园学习环境、校园文化环境和校园物质环境。思想政治教育环境对于学生的成长起到了潜移默化的作用，在当前的历史条件下更应予以高度的关注。一是要从大局出发，维护稳定的政治环境。二是要引导学生学会辨别环境、选择环境和利用环境中的积极因素发展自己。三是加强校园有形的思想政治教育环境建设，优良的有形环境能够对学生品格塑造产生积极的影响，如以校训、格言、雕塑、壁画等的装饰与布置倡导学校精神，展示学校特有的形象，在校园基本设施建设和校园的绿化美化中增添思想文化的丰富内涵。四是要重视营造无形的思想政治教育环境，它主要包括校风、教风、学风、师德和校园文化氛围等方面，应该围绕思想政治教育目标，利用宣传栏、黑板报、广播站、阅览室等媒体和“艺术节”“科技节”“体育节”等活动载体传播健康向上的文化内涵，引导学生形成奋发向上的精神风貌、系统科学的学习方式和健康文明的生活方式。

四、注重实效性原则

（一）注重实效性原则的内涵

思想政治教育的实效性是思想政治教育工作富有成效的属性，反映思想政治教育收到实效的程度。注重实效性是高校“三全育人”工作的基本追求。高校“三全育人”的成效包含三个方面：一是高校“三全育人”对提高大学生思想道德素质的作用。二是高校“三全育人”对促进社会的物质文明和精神文明建设的成果。三是系统思想政治教育的效率，即以一定的人力、财力、物力、时间投入获得的效果和效益。

（二）注重实效性原则的作用

1．遵循思想政治教育管理效益原理的体现

思想政治教育管理的效益原理揭示了思想政治教育管理的本质要求，是管理科学规律在思想政治教育管理中的运用。思想政治教育管理的效益原理表明，一切管理都在于求实效，在于追求效能、效率和效益。在高校“三全育人”管理系统中，管理者要通过科学合理地配置各个思想政治教育要素和资源，力求以最高的效率、尽可能少的消耗实现思想政治教育目标，培养合格人才，取得思想政治教育管理的最佳效果。管理原理是管理原则的基础和依据。有什么样的管理原理就要求有什么样的管理原则在实践中与之相适应。原理能够反映和揭示实践活动的规律，但不能直接作用于实践。只有按照原理所揭示的规律制定相应的原则，并依此指导管理者实践，才能对实际工作产生作用。坚持高校“三全育人”实效性原则正是体现了思想政治教育管理效益原理的基本要求，也是对思想政治教育管理效益原理的具体运用。

2．克服形式主义弊端的需要

目前，高校“三全育人”工作虽然得到了一定程度的加强和改进，但仍然存在着形式主义的问题，诸如投入不少，效果不好，学生不欢迎；开展的思想政治教育活动不少，感染学生心灵的不多；用制度约束受教育者的多，善于解决思想问题的少。重形式轻效果，重眼前轻长远，重表面轻实质倾向比较严重。一些教师看不到实效性在事物发展中的决定作用，一味地走过场，搞形式，片面追求轰动效应。对思想政治教育效果关注不够，没有把思想政治教育的实效性作为思想政治教育的生命线来抓，结果造成

思想政治教育缺乏实效性，严重地损坏了思想政治教育的形象，甚至在学生中产生了对思想政治教育的逆反心理。在高校“三全育人”管理中坚持思想政治教育实效性原则，有利于在思想政治教育工作中增强实效性意识，发扬求真务实的作风，突出实效性的思想政治教育标准，进而降低和消除形式主义的影响。

第三节　高校“三全育人”管理的目标和机制

一、高校“三全育人”管理的目标

高校“三全育人”管理是合规律性与合目的性的统一。在高校“三全育人”管理活动中，必须确立科学的目标，以明确管理的方向，保证整个管理活动朝着正确的方向进行。

高校“三全育人”管理目标，是指在高校“三全育人”管理活动中，运用科学的管理所要达到的预期结果。其内容主要包括以下两个方面。

（一）高校“三全育人”管理的科学化

高校“三全育人”管理活动的基本的目标是实现管理的科学化。这种管理的科学化是规范化管理、制度化管理和民主化管理的有机统一，是决策科学化和管理过程科学化的统一。其中，决策科学化和管理过程科学化贯穿于管理规范化、管理制度化和管理民主化之中。

1．管理规范化

高校“三全育人”管理规范化是指由开始不大规范的管理向规范管理变化的过程，其目标是实现管理的规范化。规范化管理具有规章明确、原则性强、操作性强、体系健全、机制协调、运行有序等基本特性。规范化管理是高校“三全育人”管理活动科学化的一个重要标志。它要求高校“三全育人”工作者必须遵循实事求是的原则，遵循大学生思想政治素质形成和发展的规律和高校“三全育人”过程的规律，在管理活动中遵守科学的程序和方法，严格按规章制度办事，不掺杂私人情感，使高校“三全育人”管理工作能够协调、有序、顺利地进行。

2．管理制度化

管理制度化也是高校“三全育人”管理科学化的一个重要内容。高校

“三全育人”管理要具有可操作性，就必须使思想政治理论课教学管理和大学生日常思想政治工作以及高校“三全育人”队伍建设等方面实现制度化。实现高校“三全育人”管理的制度化，一方面要引导高校“三全育人”者树立正确的管理制度观念，增强管理制度意识，形成管理制度的权威性，既要积极主动地参与管理制度的制定和完善，又要认真自觉地遵守制度，执行制度；另一方面还要加强制度建设，以中央文件和上级主管机关有关文件精神为指导，依据国家的法律法规，结合学校的实际情况，制定好思想政治理论课建设、大学生日常思想政治工作以及高校“三全育人”队伍建设的规章制度和纪律。

3. 管理民主化

管理民主化是高校“三全育人”管理科学化的重要体现。高校“三全育人”管理活动只有发扬民主作风，坚持民主方法，使民主原则贯穿管理过程始终，渗透到每一个管理环节，才能保证高校“三全育人”目标的实现。高校“三全育人”管理的民主化，要求领导者能够充分发挥高校“三全育人”队伍成员和大学生在民主管理中的作用，善于调动高校“三全育人”队伍成员和大学生在民主管理中的积极性，善于听取、吸收、采纳高校“三全育人”工作者、学生和学校其他管理部门的意见和建议。

（二）高校“三全育人”管理的有效性

高校“三全育人”管理科学化的另一基本目标是使管理活动具有有效性。高校“三全育人”管理工作可能产生三种后果：一是管理活动产生积极的效果，出现正效应，即管理具有有效性；二是管理活动流于形式、走过场，没有产生积极的效果，这样的管理具有无效性；三是管理活动带来的后果是消极、负面的影响，这样的管理具有有害性。如果产生的是第一种后果，就是管理的成功，就是有效的管理；如果产生的是第二、三种后果，则是管理的失败。高校“三全育人”管理追求的是第一种后果，要尽量避免的是第二、三种后果。

高校“三全育人”管理有效性的主要判断标准：一是通过管理活动看是否促进了高校“三全育人”活动的有效开展；二是通过管理活动看是否促进了大学生思想政治素质的形成和发展，是否进而促进了大学生其他方面的发展和学业的完成；三是通过管理活动看是否促进了高校“三全育人”队伍的建设；四是通过管理活动看是否促进了学校的教学、科研和其他工作的协调发展。

二、高校“三全育人”管理的机制

（一）高校“三全育人”管理机制的内涵和特点

机制一词原是机械学上的概念，意指机器的内部构造、运转过程中各零部件之间的相互关系及运行原理，现在它被广泛应用于各个学科之中。机制主要包括三方面的内容：一是组成方式。作为一个整体，机制是由若干要素按照一定方式组合而成。二是作用方式。组成机制的各要素总是按照一定的方式相互作用。三是生成方式。按照某种方式组合在一起的各要素，通过相互作用而导致系统整体的生成、运行，并产生特定的功能。高校“三全育人”管理机制，是指在思想政治教育管理各要素的构成方式、作用方式以及由此产生的思想政治教育管理活动整体的运行方式和功能。

高校“三全育人”管理是思想政治教育管理的重要组成部分，高校“三全育人”管理机制与思想政治教育管理机制一样，存在规律性、目标性、复杂性、系统整合性和弱结构性五个特点。

1. 规律性

高校“三全育人”不以管理者和教育者的主观意志为转移，它有其产生和赖以存在的客观条件，具有客观必然性。同时，高校“三全育人”内容的安排设置、体系的展开还必须遵循人的思想活动发展规律。因此，对高校“三全育人”的管理，必须以尊重高校“三全育人”活动的客观性和发展规律为前提。作为高校“三全育人”管理诸要素组合方式、作用方式和系统生成方式的管理机制，是对高校“三全育人”管理活动的客观反映，必然呈现出许多规律性的内容，使其具有规律性的特点。

2. 目标性

高校“三全育人”管理机制具有明确的目标性，是指它既规定了自身的运行方向，也确定了管理活动要达到的结果。高校“三全育人”管理机制的目标主要包括两个方面内容。高校“三全育人”管理的直接目标要求高校“三全育人”管理要实现科学化。这主要体现为管理规范化、管理制度化和管理民主化的有机统一。高校“三全育人”的最终目标是发挥高校“三全育人”管理的社会效用。在社会主义制度下，高校“三全育人”管理必须能够帮助高校学生认清自己在整个教育系统和社会系统发展中的主体地位，调动其主体意识，激发其创造潜能，促进人的自由和全面的发展；

必须有效地促进有中国特色社会主义事业的全面发展，确保经济建设、民主政治建设和高校思想文化建设的协调发展。

3．复杂性

高校“三全育人”的管理机制是一个复杂的系统。首先，其工作对象是大学生，大学生思想的多样性和复杂性的态势决定了思想政治工作管理的复杂性。其次，人的思想观念的形成、思想认识的转变是一个长期复杂的过程。而且人的思想具有反复性，新高校思想的形成，旧思想的克服，都是在多次反复中完成的。这些增加了高校“三全育人”管理的难度。再次，社会意识有相对独立性，当它赖以确立的社会存在消亡后，还会存活很长时期。另外，国际敌对势力也会乘机从对大学生的思想进行渗透和颠覆。所有这些因素都决定了我国意识形态领域斗争的长期性和复杂性，也决定了高校“三全育人”管理工作的复杂性。

高校“三全育人”管理机制的复杂性主要表现在以下两个方面：

（1）高校“三全育人”管理机制的构成要素具有复杂性。高校“三全育人”管理机制包括管理主体、管理方式和管理机制运行的目标、环境、程序、动力、保障等诸多要素，每个要素都构成一个复杂的系统。

（2）高校“三全育人”管理机制具有可变性和可换性。构成高校“三全育人”管理机制的要素具有多变性，例如工作内容、管理机制的创新，动力、保障机制的调整完善等，一成不变的要素无法适应现代管理的需要。此外，高校“三全育人”管理机制具有不确定性，没有固定的、一成不变的管理模式。

4．系统整合性

管理工作可以分为两种类型：一种是有效管理，即管理活动产生了积极的效果，出现了正面效应；另一种是无效管理，管理活动流于形式、走过场，没有发挥社会效用而出现了负面效应。因此，为了保证管理活动处于良性状态，必须对管理进行整体性的统一协调。对高校“三全育人”管理机制来说，它所具有的整体综合、统一协调功能，就体现出了它的整合性特征，具体表现在两个方面：

（1）对工作系统内部进行整体性的统一协调，包括调整各部分的具体行为，使之处于最佳状态；调整系统内部各部分之间的相互制约关系，防止某一个或某几个部分行为失控而导致整个系统的紊乱；调整各部分之间的构成方式、作用方式，使之相互关联，相互促进，形成共同的着力点。

工作系统内部的整合协调，是通过对系统各要素及其相互关系的调整，使整体处于最佳状态，产生出整体大于部分之和的综合效应。

（2）协调系统与外部环境之间的关系，使系统与外部环境之间的物质能量转换处于良性循环状态。高校“三全育人”管理的效果不仅取决于它自身，还受外部环境的影响。

5. 弱结构性

结构是指系统对其组成部分的组织方式、整合方式。所谓的弱结构性就是系统的各组成部分之间关系变化大，影响因素多，定性因素多，定量因素少，易出现系统整体状态、特性、行为和功能差异与变化大，使人不易把握的现象。由弱结构性引起来的问题是许多管理机制都具有的特点，例如经济管理机制的运行就经常受到管理主体、国际国内经济政治环境、经济成分、科学技术甚至自然条件等多方面因素的影响和制约，从而引起结构的变化，需要对管理机制进行不断地调整。具体到高校“三全育人”管理问题上，在管理中需要坚持原则性与灵活性相结合、系统性与针对性相结合、定性分析与定量分析相结合的原则。

正确认识高校“三全育人”管理机制的弱结构性，有助于在管理中针对其特点采取灵活的管理方式，防止僵化管理；有助于增强管理者的系统观念，防止仅关注或注重某个要素或某个环节的建设而忽视管理机制整体、缺少大局观念现象的发生；还有助于增强管理过程中的预见性，依据个别部分的变化来判断整个机制的结构性变化，及时调整管理行为，使思想政治工作管理沿着健康的方向运行。

（二）高校“三全育人”管理机制的内容

高校“三全育人”管理机制与思想政治工作管理机制密切相关，具体来说，主要包括导向机制、协调机制、激励机制和约束机制四方面的内容。

1. 导向机制

高校“三全育人”管理的导向机制的构建直接关系到能否坚持高校“三全育人”管理的价值取向，对于动员高校“三全育人”管理各要素为实现高校“三全育人”管理目标服务具有关键性作用，在高校“三全育人”管理机制体系的构建中居于主导和首要地位。高校“三全育人”管理导向机制是指高校“三全育人”管理组织所具有的引导高校“三全育人”管理对象朝着实现高校“三全育人”管理目标的方向发挥积极作用的机能。

高校“三全育人”管理导向机制的构成依赖于对高校“三全育人”原理、管理规律等相关规律的遵循和运用，借助于对高校“三全育人”管理对象的利益和需求的准确把握，构建以高校“三全育人”目标为取向的高校“三全育人”管理导向系统，形成利益（需要）、动机、行动、结果（目标）间的有机联系，从而使高校“三全育人”管理者特别是高校“三全育人”工作者始终按照特定方向努力工作。

高校“三全育人”管理导向机制由以下六个方面构成：

（1）目标导向。指高校“三全育人”管理主体通过向全体人员提出明确的高校“三全育人”目标、高校“三全育人”组织系统目标、高校“三全育人”管理系统目标，引导大家为实现这些目标努力工作。

（2）政策导向。高校“三全育人”管理政策导向就是高校“三全育人”管理主体通过制定各项政策向有关人员表明重视高校“三全育人”、加强和改进高校“三全育人”工作的态度以及措施，以此引导大家为做好高校“三全育人”工作而努力。这些政策可分为三类：第一类是针对高校“三全育人”工作效果提出的导向性要求；第二类是对社会有关方面提出的导向性要求；第三类是对个人提出的导向性要求。

（3）舆论导向。舆论导向，又称舆论引导，是指运用舆论的力量引导人们的高校思想意识和行为，进而达到管理者的目的。高校“三全育人”管理舆论导向是加强和改进高校“三全育人”工作的重要力量。注重发挥舆论导向作用是抓好高校“三全育人”工作的基本经验。作为高校“三全育人”管理导向体系的重要组成部分，高校“三全育人”管理舆论导向要求高校“三全育人”管理主体运用各种舆论工具，宣传党的高校“三全育人”方针政策、宣传高校“三全育人”领域的先进典型事迹，以引导和鼓励人们重视和做好高校“三全育人”。

（4）行为导向。高校“三全育人”管理行为导向机制就是通过各级管理者，特别是高级领导者在高校“三全育人”管理和高校“三全育人”实践中的身体力行，引导人们重视高校“三全育人”和积极做好高校“三全育人”工作。高校“三全育人”管理的行为导向要求高校“三全育人”工作的领导不仅要动员广大职工重视和加强高校“三全育人”工作，自己也要以模范行为投身高校“三全育人”工作；不仅要组织制定加强和改进高校“三全育人”工作的文件，还要深入实际带头督促和落实文件精神，加强对高校“三全育人”实践的指导。

（5）用人导向。高校“三全育人”管理用人导向是整个高校“三全育人”管理导向体系中最有效力的导向机制，对高校“三全育人”工作者能否给予适时提拔，以什么标准提拔，这是对高校“三全育人”的开展带有根本性影响的问题。在干部选拔任用工作中，要杜绝凭关系用干部，凭“票数”用干部，凭资历用干部。与此同时，要求我们必须坚持以高校“三全育人”业绩为根本标准，真正形成公开、平等、竞争、择优的用人导向，要坚持标准、公平、公正，凭德、才和业绩用干部，从用人导向上保证高校“三全育人”工作的有效开展。

（6）评估导向。高校“三全育人”管理评估导向是高校“三全育人”管理主体依据一定的评估标准，对高校“三全育人”组织或高校“三全育人”工作者的工作及其成效进行价值判断，从而引导高校“三全育人”组织或高校“三全育人”工作者努力达到评价指标体系要求的过程。目前，教育部组织的高等学校教学工作水平评估已经把学校高校“三全育人”工作状况纳入评估指标体系之中，从而使评估导向在高校“三全育人”实践中发挥着越来越重要的作用，成为引导学校高校“三全育人”发展的有效机制。

高校“三全育人”管理导向机制的建设要求主要有三个：

（1）要体现高校“三全育人”管理系统的目的性。高校“三全育人”管理导向机制作为高校“三全育人”管理系统的有机组成部分，担负着引导高校“三全育人”管理对象为实现高校“三全育人”管理目标努力工作的职能。高校“三全育人”管理目标是高校“三全育人”管理目的的具体化，一切高校“三全育人”管理活动都应围绕高校“三全育人”目的的要求展开。这就要求高校“三全育人”管理导向机制的一切措施都应该服从和服务于高校“三全育人”目的，要求我们在建设高校“三全育人”管理导向机制时，要以促进高校“三全育人”目标的实现为价值取向，把管理对象的利益和需求同高校“三全育人”目标的实现连接起来，引导广大高校“三全育人”工作者为实现高校“三全育人”目标奋斗。

（2）要注重高校“三全育人”管理导向作用的普遍性。高校“三全育人”管理导向机制的作用发挥得如何，是不是对高校“三全育人”管理对象具有普遍的影响力，直接关系到高校“三全育人”事业的健康发展。这就要求我们在进行高校“三全育人”管理导向机制建设时，要注意让高校“三全育人”管理导向机制的效力普遍适用于高校“三全育人”管理对象，充分考虑每一位高校“三全育人”工作者的利益和需求，所采取的措施要提供给每一位高校“三全育人”者追求利益的平等的机会，不能存在歧视性和排他性规则。只有这样，导向机制才能具有普遍效力，对每一个高校“三全育人”组织和高校“三全育人”工作者都具有引导作用。

（3）要保持高校“三全育人”导向机制的稳定性与可塑性的统一。高校“三全育人”管理导向机制的稳定性主要体现在高校“三全育人”管理导向机制对人们的引导是一个定向的和持续有效的作用过程上。由于高校“三全育人”管理环境的不断变化，要保证高校“三全育人”管理与之相适应，就必须及时调整高校“三全育人”导向机制的作用方向，引导高校“三全育人”系统适应新曲变化，体现人的选择自由，使人对高校“三全育人”管理导向机制内容做出适合人的偏好的选择，因此，高校“三全育人”导向机制又必须要具有可塑性。这样一来，便出现了稳定性与可塑性之间的矛盾。稳定性强，可塑性便弱；可塑性强则稳定性就弱。这就要求我们进行高校“三全育人”管理导向机制的建设时必须要重视稳定性与可塑性的统一。

2．协调机制

增强高校“三全育人”系统的协调性是构建和完善高校“三全育人”管理机制的一个重要目标。在高校“三全育人”管理系统的建设中，建立有效的协调机制对于提高高校“三全育人”管理水平，创造出一个团结一致的高校“三全育人”组织整体并有效地开展高校“三全育人”工作，实现“整体功能大于部分功能之和”的目标具有重要意义。高校“三全育人”管理协调机制是指高校“三全育人”管理主体为了增强高校“三全育人”组织的整体功能、实现高校“三全育人”目标，借助制度和文化的力量在高校“三全育人”组织内建立起来的适时调解高校“三全育人”组织要素之间和高校“三全育人”组织与外界之间相互关系的机能。高校“三全育人”管理协调机制主要作用是，协调系统（部门、单位）内部党、政、群（主要指大学生）组织的相互配合问题；协调系统（部门、单位）与各基层高校“三全育人”组织的关系；协调系统（部门、单位）与各家庭、社会合力育人的相关工作。

高校“三全育人”管理协调机制主要由以下四个方面构成：

（1）会议协调制度。会议协调是指根据协调内容的需要，召集相关人员开会就有关问题进行协调。在这样的会议上，各方面的人员可以交流信息、提出问题、交换意见、讨论对策、达成共识。会议协调有助于相关人员了解全面情况，改变自己的狭隘想法，各方面通过商讨形成统一意志，从而有利于在执行中相互配合，形成整体合力。

（2）访谈协调制度。访谈协调是指与具体的高校“三全育人”者进行接触谈话，了解其工作状态，解决其工作困难，协调各项思想政治工作任务。需要指出的是，无论有无需要协调的问题，高校“三全育人”管理者都要坚持走访基层的高校“三全育人”工作者。通过走访，有助于使高校“三全育人”工作者消除自卑感，增强自信心和自尊心，改善个人心理状态，振奋工作精神，积极向组织反映他们的意见和建议，努力投身高校“三全育人”工作。访谈还有助于改善基层高校“三全育人”工作者对组织的认识和态度，促进高校“三全育人”管理者与基层高校“三全育人”工作者更好地配合，实现上情下达，形成共同的高校“三全育人”愿景。

（3）指导性协调。高校“三全育人”管理中的协调常常是对具体关系所采取的指导性措施，因此，指导性协调时高校思想政治共组管理协调机制的重要内容之一。这里说的指导，是针对高校“三全育人”者对高校“三全育人”的不同理解，在执行中发生的偏差虽进行的及时地指导，其目的在于统一高校“三全育人”工作者的认识从而统一行动。指导的表现形式之一是建议，建议是高校“三全育人”管理者对高校“三全育人”工作者提出的一种明显的影响他人的想法或提出某种可供选择的方案，希望他们能够加以接受。这种建议一般要给接受建议者以选择的余地，因此不同于命令。此外，还有一种变性指导即劝说。劝说是建议的进一步强化。它是用忠告、督促和诱导的办法来说服人做某件事的方法。它比建议含有一定的压力，但也不具有命令的强制性。

（4）文化协调。文化协调是一种无形的协调，它没有协调者，但却无时无刻不在发挥着协调作用。我们可以通过建设校园文化，形成全员共同接受的价值观，以此协调全体高校“三全育人”工作者的行动。追求无形的协调作用出发，在校园文化建设中注入饱含整体意识、牺牲精神、合作意识、和谐的愿望的价值观，是我们构建高校“三全育人”协调机制的中的文化协调的重要内容。

高校“三全育人”管理协调机制的建设要求主要有以下三点：

（1）要树立共同高校“三全育人”愿景。协调需要明确方向，即朝一个方向协调，是大家为一个目标努力。美国著名管理学家巴纳德认为，个人目标与组织共同目标是时常不一致的，个人之所以愿意为实现组织的共同目标而努力工作，是因为他期望在实现组织共同目标的过程中能够使他的个人目标得到满足。巴纳德还指出，组织成员对组织共同目标的理解，可分为两种：一是协作性理解，它是指组织成员脱离个人立场而站在组织整体利益的立场上客观地理解组织的共同目标。二是个人性理解，它是指组织成员站在个人立场上主观地理解组织的共同目标。当组织共同目标比较复杂和抽象时，这两种不同的理解经常会发生矛盾。这就要求管理人员要协调个人目标与组织共同目标之间的矛盾，帮助组织成员加深对组织的共同目标的认识，并努力避免组织目标和个人目标的不一致或理解上的背离。这就需要我们树立共同的高校“三全育人”愿景，在高校“三全育人”管理目标的实现过程中要体现高校“三全育人”工作者个人目标的实现。共同的高校“三全育人”愿景是达成意愿协作的必要前提，是随着高校的发展和高校“三全育人”环境的改变而随时调整的。高校“三全育人”工作者的协作意愿没有共同的高校“三全育人”愿景是发展不起来的。没有共同的高校“三全育人”愿景，高校“三全育人”工作者就不知道他们应怎样努力，他们也不知道协作的结果将使他们得到哪些满足，于是就不能从中诱导出协作意愿来，从而不会进行协作活动。由此可以看出，树立共同的高校“三全育人”愿景具有重要意义。

（2）要增强协作意愿。高校“三全育人”系统的协作意愿是指高校“三全育人”工作者对高校“三全育人”系统目标做出贡献的意愿。有协作意愿，意味着放弃了个人意愿的控制权，让组织决定，个人行为组织化，其结果是个人努力实现组织目标。相反，如果缺少协作意愿，高校“三全育人”系统的协调性就难以存在。由于高校“三全育人”工作者之间在素质上存在差异，即使是同一个人，其协作意愿的强度也会随着时间和外界条件的变化经常地变化着，因此，高校“三全育人”组织内协作意愿总是不稳定的。另外，个人协作意愿强度的高低，取决于自己提供协作而导致的“牺牲”与高校“三全育人”组织因为自己的协作而提供的“诱因”这两者之间的比较因此，高校“三全育人”管理组织为了提高高校“三全育人”工作者的协作意愿，一方面要提供必要的激励要素；另一方面要运用说服力来启发高校“三全育人”工作者的主观态度，培养他们的协作精神，号召他们爱岗敬业、精心育人，为人民的工作事业做出贡献。

（3）要加强信息沟通。高校“三全育人”系统的存在及其活动是以信息沟通为条件的。高校“三全育人”者的协作意愿和高校“三全育人”组织的共同愿景只有通过信息沟通才能将两者联系和统一起来，形成动态的结合。没有高校“三全育人”组织内部的信息沟通，高校“三全育人”组织就无法了解高校“三全育人”工作者的协作意愿及其强度，也就无法统一和协调高校“三全育人”工作者为实现高校“三全育人”目标而采取的行动。因此，加强高校“三全育人”组织信息沟通是构建高校“三全育人”协调机制，实现高校“三全育人”目标的基础。

3．激励机制

高校“三全育人”管理激励机制就是指高校“三全育人”管理组织依据人的需要、动机和激励作用的内在关系建立起来的具有激发高校“三全育人”管理对象积极进取作用的机能。构建以高校“三全育人”管理目标为取向的高校“三全育人”管理激励机制，就是把高校“三全育人”工作者的利益（需要）、动机、行为、结果（目标）通过某些载体（如政策、制度等）有机地联系起来，形成自添动力，充满生机的高校“三全育人”管理系统。高校“三全育人”管理的激励机制是高校“三全育人”管理机制体系中承担着提供内在驱动力，改善和激发要素状态，增强高校“三全育人”组织活力的一种特殊机能。这一机能的充分发挥，可以使广大高校“三全育人”者切实感到劳有所得、学有所用、才有所展、功有所赏，对于推动高校“三全育人”教育系统不断完善，更好地完成思想政治工作任务具有重要作用。

高校“三全育人”管理激励机制的构成主要包括以下六个方面的内容：

（1）物质激励。物质激励是运用工资、奖金和物质奖励等经济手段和方式来满足高校“三全育人”工作者的物质需求，调动他们的高校“三全育人”工作积极性，实现高校“三全育人”管理目标的一种激励要素。物质激励是管理活动的基本手段，它对高校“三全育人”管理也有重要作用，是高校“三全育人”管理激励机制中最基本的力量。恰当地运用物质激励可以使高校“三全育人”工作者在满足物质利益需要的情况下，工作积极性得到充分调动。在高校“三全育人”管理实践中，需要贯彻物质利益原则，把高校“三全育人”目标的实现同高校“三全育人”管理对象个人利益的满足紧密地结合起来，特别要对一线的高校“三全育人”工作者实行倾斜政策。

（2）文化激励。文化激励是指通过营造优良的学校文化对高校“三全育人”管理对象产生激发、动员、鼓励和推动作用。这种激励作用的结果，往往可以起到巩固和促进高校“三全育人”工作者坚定信念、真诚如一地为学校的发展而尽职尽责工作的效果。文化影响人，文化塑造人，不同的文化对人产生不同的影响。文化激励的具体内容很多，如高校思想工作、业务培训、团队学习、危机工作、形象建设等都是文化激励的重要方式，在此基础上不断创新文化激励方式并加以制度化，就构成了持续发挥作用的稳定的文化激励机制。

（3）工作激励。在高校“三全育人”管理中，工作激励的本质就是为高校“三全育人”工作者创设畅顺的事业发展通道。马斯洛的需要层次理论表明，物质需要是人类较低层次的需要，而自我实现才是人的最高层次的需要。事业发展属于满足人的自我实现需要的范畴，助人事业发展会产生更大的激励作用。由于人的需要各不相同，因此，激励人的措施也要因人而异，在工作分配中要充分考虑人的需要因素，以激发他们的工作热情。

（4）奖惩激励。在高校“三全育人”管理中，奖惩激励就是根据高校“三全育人”工作者的工作成果或行为后果，按照部门的有关规定进行奖励或惩罚。一般来说，奖励包括颁发奖金、加薪、表扬、授予荣誉称号、提职、晋级等，惩罚包括批评、罚款和行政处分。奖惩激励是强化激励作用的外在表形式。

（5）竞争激励。在高校“三全育人”管理中，竞争激励是高校“三全育人”管理主体为了激发高校“三全育人”工作者努力工作的进取精神，运用制度和组织手段把竞争引入高校“三全育人”系统中，促使高校“三全育人”工作者之间相互竞赛、区分优劣的过程。高校“三全育人”管理中的竞争分为个人竞争和团队竞争；岗位竞争和成果竞赛；部门内外的竞争。

（6）自我激励。作为高校“三全育人”管理激励体系的一部分，自我激励是高校“三全育人”管理主体引入的高校“三全育人”工作者自定目标、自我承诺、自负压力的激励过程。在同一条件下的自我激励有时比其他激励方式更具有强烈性、深刻性和持久性。

高校“三全育人”管理激励机制的建设要注意以下几个方面：

（1）高校“三全育人”管理者要增强激励意识。高校“三全育人”管理者的管理能力在于提高高校“三全育人”工作者的满足度，这种满足主要体现在非物质需要上。增强激励意识，善于鼓舞士气和满足被管理者的多重需要是对高校“三全育人”管理者提出的基本要求。同时，高校“三全育人”管理者要善于从激励的要求出发，摆正与被管理者的相互关系，尊重他们，相信他们，平等相待，使被管理者产生亲切感和信任感。

（2）激励措施要体现公平性。体现公平性是建设高校“三全育人”管理激励机制的一个很重要的原则，任何不公的待遇都会影响高校“三全育人”工作者的工作情绪和工作效率，影响激励效果。取得同样成绩的高校“三全育人”工作者，一定要获得同等层次的奖励；同理，犯同等错误的人，也应受到同等程度的处罚。如果做不到这一点，高校“三全育人”管理者宁可不奖励或者不处罚。高校“三全育人”管理者在对待高校“三全育人”者的问题上，一定要有一种公平的心态，不应有任何的偏见和喜好，不能有任何不公的言语和行为，否则，激励机制将失去其应有的作用。

（3）激励措施要因人而异。由于人的需要存在个体差异性，因此激励人的措施也要因人而异。美国行为科学家麦克利兰认为人有三类基本需要：第一类，是对权力的需要。具有较大权力欲的人对施加影响和控制表现出极大的关切。第二类，是对社交的需要。需要社交的人常从友爱中得到快乐。第三类，是对成就的需要。需要成就的人，对成功有一种强烈的要求，同时也十分担心失败。这类人愿意接受挑战，为自己树立一个具有一定难度的目标（但不是不能达到的）。高成就感的人希望有能独立解决问题的工作环境，以便发挥这方面的才能。他们只要有了这种环境，不必再提供其他方面的激励，也能积极工作。他们只有在靠自己的能力解决问题时，才会感到成就的满足。如果问题的解决是靠别人的帮助或偶然的机会，他们是不会感到满足的，不会认为取得了成就。所以组织上应该为这类人安排具有挑战性的工作，并给予一定的自主权，这样就能发挥他们的积极性。[①]美国行为科学家阿特金森曾指出：没有一种环境对每一个人都是最优的，没有一种个性对所有的环境都有最高的生产率，而且没有一种关于激励效果的概括能适用于所有的工作。所以，对于高校“三全育人”的激励机制来说，要善于按人的能力和心态，有针对性地采取激励措施。

（4）激励的载体要具有多样性。美国管理学家梅奥曾提出了决定工作满意度的六个主要因素：报酬、工作本身、提升、管理、工作组织和工作条件。因此，高校“三全育人”管理者可以从这六个方面助手，实现高校“三全育人”管理激励机制载体的多样化，满足广大高校“三全育人”工作者的社会需求与心理需求等各方面的需求，从社会、心理方面来对他们进行激励。

4．约束机制

如果失去了约束，任何事物的发展都会偏离正轨。高校“三全育人”系统是有目的、有结构、有功能的人为形成的组织。要保持其正常、有效地运行，同样需要约束力。这种约束既作用于组织整体，更作用于组织中的具体的人。无论是从当前还是从长远看，构建科学有效的高校“三全育

---

① 隆瑞．世界著名管理学家管理法则全书[M]．北京：中国对外翻译出版公司，2004：969．

人”管理约束机制都具有十分重要的意义。高校“三全育人”管理约束机制是在高校“三全育人”组织内为实现自身目标而构建的制约高校“三全育人”工作者行为的机能。它是高校“三全育人”管理机制体系的重要组成部分，担负着规范、限制、威慑、警示的职能，是保证高校“三全育人”工作健康、有序、有效开展的必要条件，对增强高校“三全育人”实效性具有不可替代的作用。高校“三全育人”管理约束机制是由多重约束构建而成的。

高校“三全育人”管理约束机制由以下三方面构成：

（1）法规约束。法规约束是以法律、制度、规范的形式对高校“三全育人”组织及其个人的行为予以约束。这种约束刚性强，覆盖面广，稳定性好，是高校“三全育人”管理约束机制的主要形式。

（2）体制约束。体制约束主要是管理体制约束。管理体制约束不同于制度约束，它是通过明确组织结构部门职责、相互关系、工作程序的方式建立管理格局，形成上下级之间、部门之间相互联系、相互监督、相互制约的关系，进而融入约束机能，形成约束机制。避免和减少高校“三全育人”工作偏差，取得最佳高校“三全育人”管理效果的重要因素。

（3）文化约束。文化约束是一个大概念，它包括高校思想道德约束、自我约束、舆论约束和社会环境与社会心理约束。

进行高校“三全育人”管理约束机制的建设有以下几方面的要求：

（1）要依法约束。约束要有规则，否则就会出现混乱。坚持依法约束的原则就是要求我们在构建高校“三全育人”管理约束机制时，严格依法行事。首先，要把国家的法律法规作为高校“三全育人”管理的首要约束准则，如《中华人民共和国高等教育法》《中华人民共和国教师法》，中共中央、国务院《关于加强和改进新形势下高校思想政治工作的意见》等。其次，要依照国家法律法规制定本系统（部门、单位）的思想政治工作管理制度，规范工作程序、工作关系、工作要求和工作纪律。再次，要严格按照国家法律法规和本系统（部门、单位）制度实施高校“三全育人”管理约束行为，不搞随意约束。

（2）要适度约束。适度约束就是要把握约束的范围和力度。既不能造成对违法违规的行为约束不力，又不能扩大约束范围，束缚高校“三全育人”工作者的自主性和能动性。这就要求我们在进行高校“三全育人”管理约束机制的建设时，要认真研究高校“三全育人”组织和高校“三全育人”工作者的行为分类及其特点。概括地说，高校“三全育人”组织和高校“三全育人”工作者的行为可分为四类：第一种是高校“三全育人”管理行为，主要由党、政、群领导承担。第二种是高校思想政治理论工作行为，主要由高校“三全育人”工作者承担。第三种是日常高校“三全育人”工作，主要由高校“三全育人”工作者承担。第四种是高校“三全育人”研究行为，主要由高校“三全育人”理论工作者和高校“三全育人”研究人员承担。不同的高校“三全育人”，需要约束的方式和力度不同。对高校“三全育人”管理行为的约束，必须精心细致，严防高校“三全育人”管理组织和高校“三全育人”管理者玩忽职守、职能缺位、官僚主义和腐败问题的出现；对高校思想政治理论工作行为，要认真督导检查，避免出现低水平重复、精力投入不足、不健康高校思想扩散等问题；对日常高校“三全育人”，要强调和检查高校“三全育人”工作者的事业心、责任感和纪律性；对高校“三全育人”研究行为，则要去掉任何约束，鼓励创新。

（3）重点约束。不同类型的高校“三全育人”行为，出现问题的概率和严重程度不同，所需要约束的力度也不同。这就要求我们不能在实施约束上平分精力，必须找到约束的重点，从而在构建约束机制和实施高校“三全育人”管理约束时，集中精力，抓住重点，保证约束效果。权力集中的地方，特别是关系到组织和个人利益的权力拥有者，是高校“三全育人”管理监督约束的重点，高校“三全育人”领导干部是高校“三全育人”管理约束对象的重中之重。同时，对高校“三全育人”工作者的纪律约束也不能放松。

（4）要有效约束。高校“三全育人”管理约束机制是保证高校“三全育人”工作健康运行，实现高校“三全育人”目标的必要条件。进行高校“三全育人”管理约束机制建设的根本目的是为了预防高校“三全育人”工作出现混乱和高校“三全育人”人员出现违章问题。能否达到这一目的是检验约束机制是否有效的唯一标准。如果离开了有效性，高校“三全育人”管理约束机制的存在就会毫无价值。追求高校“三全育人”管理约束机制的有效性是我们的重要目标。要提高高校“三全育人”管理约束机制的有效性，就必须做到以下方面：要着眼全局，以实现高校“三全育人”目标为最终目的，从全局需要出发选择约束内容；要尊重规律，保证约束机制构建的合理性；要使约束职能和内容随着时代、环境、主体、客体的变化而作相应的调整；要体现权、责、利三者的统一，保持均衡，缺一不可。

总之，建立一整套约束机制，对于规范高校“三全育人”组织和高校“三全育人”工作者的行为、完善高校“三全育人”管理机制、提高高校“三全育人”工作者的素质，最终实现高校“三全育人”目标具有十分重要的意义。

第五章　高校“三全育人”队伍建设研究

“言传身教，身教重于言传”，是高校思想政治工作最基本的原则和方法，也是一以贯之的优良传统。回顾高校思想政治工作的发展历程，可以看到思想政治工作队伍在思想政治工作中起着至关重要的作用，工作队伍的素质和形象，直接影响着高校思想政治工作的实效性，直接决定着高校“三全育人”工作质量的提高和目标的实现。

第一节　高校“三全育人”队伍建设的意义

在当代高校“三全育人”活动中，高校“三全育人”队伍担负着设计、组织、实施、检查、总结和评估等各项任务。这些任务能否完成以及完成的效果如何，都与高校“三全育人”队伍的素质、结构和职能的发挥有直接关系。因此，重视和加强高校“三全育人”队伍建设，对于充分调动高校“三全育人”者的积极性、创造性，对于实现高校“三全育人”目标具有极其重要的意义。

一、当代高校“三全育人”队伍概述

科学界定高校“三全育人”队伍的内涵，揭示当代高校“三全育人”队伍的职能及其特点，对于明确高校“三全育人”工作者的基本素质要求，探索高校“三全育人”队伍建设的基本任务和途径具有重要意义。

（一）当代高校“三全育人”队伍的内涵

1. 高校“三全育人”队伍

高校“三全育人”队伍是指按一定结构组合起来的，根据社会主义事业发展的要求，用马克思主义政治观、世界观、人生观、道德品质和法纪意识，向大学生进行有目的、有计划、有组织的教育活动，以提高其思想道德素质的人的组合，是贯彻落实党和国家高校“三全育人”方针政策的主体。保证坚持社会主义方向，培养社会主义事业建设者和接班人的一支不可缺少的重要力量，是高校“三全育人”工作的组织者和指导者。

高校“三全育人”队伍有狭义与广义之分。狭义的高校“三全育人”队伍是指直接从事高校“三全育人”工作的专职高校“三全育人”工作者的组合，包括高校“三全育人”管理队伍、高校“三全育人”培育队伍、高校“三全育人”研究队伍。广义的高校“三全育人”队伍是指所有的受党组织正式委托从事高校“三全育人”的人员组成的群体，包括高校的全体党员、干部、教师等等各系统（部门、单位）从事高校“三全育人”工作的人员构成的队伍。高校“三全育人”骨干队伍是高校“三全育人”计划的制订者和主要实施者，是决定高校“三全育人”水平、高校“三全育人”效果的主导力量。

2. 高校“三全育人”队伍建设

高校“三全育人”队伍建设是按照以人为本的思想，通过科学选拔、培养、激励、指导、协调、评价高校“三全育人”工作，组织和建设高校“三全育人”队伍，最大限度地调动和发挥了高校“三全育人”工作者在高校“三全育人”工作、管理、研究中的积极性和创造性，全面地、高效地实现了高校“三全育人”目标的过程。高校“三全育人”队伍建设既是高校“三全育人”管理的重要内容，也是各系统（部门、单位）人事管理的重要组成部分。高校“三全育人”队伍建设的重点是加强高校“三全育人”专职队伍的建设与管理。

3. 高校“三全育人”队伍的基本结构

高校“三全育人”管理队伍主要是由党政领导和党政部门中负责高校“三全育人”管理的专职、兼职政工干部，以及高校“三全育人”教学和研究人员构成的。而这种结构是一种多层次结构，它包括专业结构、年龄结构、知识结构、能力结构和个性结构。合理构建多层次结构是加强高校“三全育人”队伍建设的核心内容，是增强高校“三全育人”队伍实力，提高高校“三全育人”有效性的重要条件。因此，要想真正地发挥高校“三全育人”在解决大学生的思想认识问题、化解矛盾和纠纷、增强合力、促进核心工作目标实现等方面的重要作用，党政领导即及各部门要根据实际工作的需要，在高校“三全育人”队伍建设过程中科学合理地设置高校“三全育人”管理岗位，构建符合社会主义市场经济条件大学生下高校“三全育人”和管理要求的多层次结构的队伍。

（二）当代高校“三全育人”队伍的特点

高校“三全育人”队伍作为高校“三全育人”的具体实施者，它具有以下几个特点。

1. 阶级性

高校“三全育人”是人类进入阶级社会以后产生的一项社会实践活动，它普遍存在于阶级社会的一切国家和一切发展阶段。在阶级社会里，统治阶级为了维护和巩固自己的统治，总要把本阶级的思想观念、政治观点和道德规范通过各种渠道和手段灌输给人们，从而影响人们的世界观、人生观、价值观，进而指导人们的行为。不同统治阶级的高校“三全育人”，虽然称谓、性质和内容可能有很大差异或者略有不同，但是他们在培养和造就为统治阶级服务的人上则是共同的。因此，阶级性是高校“三全育人”队伍最显著的特点。

毋庸置疑，当代高校“三全育人”作为高校“三全育人”的重要组成部分，也带有明显的阶级性。高校“三全育人”队伍作为高校“三全育人”的具体实施者，是党、国家和人民利益的代表，自身有着明显的阶级属性。它始终维护我国最广大人民群众的利益，满足最广大人民群众的需要并且接受最广大人民群众的监督。育人必先修其自身，高校“三全育人”队伍在高校“三全育人”实践活动中，其自身首先接受教育，学习掌握党和人民的思想政治品德要求，然后根据大学生思想品德形成和发展规律，对大学生施加有目的、有计划、有组织的教育影响，促使大学生产生内在的思想矛盾运动，最终形成党和人民所期望的思想政治品德。

2. 层次性

世界上没有两片完全相同的树叶，人也如此。在现实生活中，每一个人的生活环境不同、经历不同、所受教育程度不同，因此现实生活中每个人都是独一无二的，即社会现实生活中的人存在个体差异性。而高校“三全育人”队伍正是由这些现实生活中的人构成，因而也存在个体差异性。这些差异使得高校“三全育人”队伍具有明显的层次性。

高校“三全育人”队伍依据不同的标准可以划分为不同的层次。例如，从年龄角度来讲，高校“三全育人”队伍具有老年、中年、青年等层次；从受教育程度来讲，可划分为博士、硕士、本科、专科等层次；从其自身的素质来讲，可划分为高、中、低等层次。高校“三全育人”队伍的层次性特点，要求我们在建设高校“三全育人”队伍过程中针对不同的对象，制定不同的规划，提出不同的层次要求，并且运用不同的方法，有针对性提升不同层次的高校“三全育人”者素质。

3．动态性

构成高校“三全育人”队伍的现实生活中的人，不仅存在个体差异性，还具有动态性。高校“三全育人”队伍的构成人员是动态变化的。从数量上讲，高校“三全育人”队伍组成人员的数量是动态变化的，可能是时间和空间上的人员派遣和调动，可能是新成员的加入，老成员的离休，可能是优者高升、不合格者被淘汰；从质量上讲，高校“三全育人”队伍人员自身能力和素质是动态变化的，随着其参加高校“三全育人”社会实践活动中能力的锻炼、经验的积累以及自身的不断学习，自身的能力和素质不断得到提升，进而带动整个教育队伍素质逐步提升。因此，高校“三全育人”队伍具有动态性。

高校“三全育人”队伍的发展是一个逐步提高、不断推进的历史过程，不同的历史阶段具有不同的实现形式和具体内容。高校“三全育人”队伍的动态性，要求我们建设高校“三全育人”队伍过程中，始终要随着时代的变化不断更新高校“三全育人”队伍建设内容。

4．系统性

高校“三全育人”队伍的内涵揭示了高校“三全育人”队伍是一个由多种要素有机构成的系统，各要素之间相互制约，相互促进，相互协同，联为一体。高校“三全育人”队伍的系统性，要求我们在提高和优化干部队伍系统时，要始终注意处理好干部队伍素质系统内与外的各种相互关系，整体规划，协调推进。

二、当代高校“三全育人”队伍建设的素质要求和内容

明确了高校“三全育人”队伍的内涵、特点和职能，也就意味着明确了高校“三全育人”队伍建设对高校“三全育人”的重要性。因此，我们接下来要探究如何建设当代高校“三全育人”队伍。那么，首先就得必须明确高校“三全育人”队伍建设的目标、要求和内容。只有目标明确了，才能保证高校“三全育人”队伍建设的大方向正确；只有基本素质要求明细了，才能保证高校“三全育人”队伍建设更有针对性和计划性。当目标和基本素质要求都明确后，探究高校“三全育人”队伍建设的内容才可实

行，因为内容是高校“三全育人”队伍建设的具体框架，也是预期达到的效果。这些对高校“三全育人”的高效发挥有着至关重要的作用。

（一）当代高校“三全育人”队伍建设的素质要求

高校“三全育人”的质量，不仅取决于大学生思想工作者的个人素质，而且取决于高校“三全育人”队伍的整体状况。因此，当代高校“三全育人”队伍的素质要求有两个角度。一是对高校“三全育人”工作者个人素质提出的要求，即按照“政治强、业务精、纪律严、作风正”的要求，加强新时期高校“三全育人”的队伍建设。二是对高校“三全育人”队伍的整体提出的要求，即建设一支具有马克思主义理论素养，政治坚定、专兼结合、结构合理的高素质的高校“三全育人”队伍。

高校“三全育人”工作者工作在学生工作的第一线，其自身素质如何直接影响到工作的成效和学生素质的形成。因此，作为高校“三全育人”工作者来讲，具备良好的素质结构是履行岗位职责的基础和前提。素质是人们在先天遗传条件下，经过环境熏陶、教育培养和自身活动的历练，日积月累而形成的基本稳定的内在品质，是智力因素与非智力因素的统一，它反映的是多种心理品质的综合结构。

高校“三全育人”工作者具有教师职业的特征，不仅要具备国家对教师的素质要求，而且要具备从事高校“三全育人”工作所需要的基本素质，即思想道德、文化业务（包括高校“三全育人”专业知识、人文知识、管理学知识、心理学知识）、身心和能力等基本素质。高校“三全育人”工作者所需要的思想道德素质包括思想意识、道德品质、政治素养以及高校“三全育人”工作所需要的积极的工作热情和高度的工作责任感；文化业务素质包括高校“三全育人”专业知识、人文知识、管理学知识、心理学知识；基本能力包括教育、教学、管理、协调和科研能力，以及学习能力、表达能力；身心素质包括年龄、身体、精神状态、性格、心理等。其中，过硬的思想政治道德素质是最重要的素质。

1. 思想政治素质要求

高校“三全育人”工作者负责大学生的思想、学习、生活等各个方面，其思想和言行对每个学生有着潜移默化的影响，这就要求高校“三全育人”工作者必须具备过硬的思想政治素质。

第一，要具备坚定的政治方向。高校“三全育人”工作者必须具有坚定正确的政治方向，坚持党在社会主义初级阶段的基本路线，具有一定的马克思主义理论基础和政策水平，有较强的政治分辨能力。

第二，要具备扎实的政治理论素养。全面理解并把握马列主义、毛泽东思想、邓小平理论、“三个代表”重要思想和科学发展观的精神实质；要坚持党的基本路线、方针、政策，在政治上、思想上同党中央保持一致，具有较强的政治敏锐性和鉴别力；要模范遵守宪法和法律，对国家的教育方针、法规等有正确的认识并能做出明确的解释。

第三，要具备社会主义理想人格。高校“三全育人”工作者要树立辩证主义和历史唯物主义世界观，要树立正确的人生观、价值观，不断进取、勇于创新，正确对待挫折和困难，塑造社会主义理想人格，并具有高度的责任感和奉献精神，热爱受教育者，热爱高校“三全育人”事业。

第四，要具备崇高的职业道德。“德高为师，身正为范”，高校“三全育人”工作者要注重自身良好品德的形成，不断提高自身修养，正确处理好国家利益、集体利益与个人利益的关系，为人师表，率先垂范，勤勉工作，公正无私，严于自律，养成良好的师德。

2．管理能力素质要求

高校“三全育人”工作成效如何，关键取决于高校“三全育人”工作者能力素质的高低，高校“三全育人”工作者其他素质要求的最终落脚点也在能力上。

第一，组织管理能力。高校“三全育人”工作者不仅要具备从宏观和全局上进行决策和调控的能力，更要具备从微观方面和具体细节上进行指挥和引导的能力，不断明确学生组织各机构的责、权、利，学会优化配置具体活动中的人、财、物、信息、时间等资源，实现管理的科学化、规范化和制度化。唯有如此，高校“三全育人”工作者才能在贯彻执行学校各项决定和规章制度的基础上，组织开展丰富多彩的校园文化活动和社会实践活动。

第二，教学能力。大学生思想政治理论课教育是一门科学，也是一门艺术。只有坚持科学性，应用事实和逻辑的力量，才会有说服力、震撼力和穿透力；只有讲究教法，尊重教学规律，善于将学科语言、教材语言转变为生动的教学语言，才能够吸引学生的目光，调动学生思考的积极性和学习的乐趣。要高度注重教学方法的研究，经常组织公开课相互观摩切磋，通过集体备课交流经验，推广精品教学成果。

第三，语言文字表达能力。高校“三全育人”工作者要能熟练驾驭自己的语言，做到表达准确、严肃、通俗、生动；要努力掌握谈心谈话、对话、辩论的语言技巧，能够在公开的场所准确表达自己的观点，善于作演讲和宣传；要善于把自己的工作思路准确地用语言或文字表达出来，以便向上反映问题，向下进行宣传；要善于针对大学生思想实际和心理特点，进行个别谈心和说服教育。此外，在实际工作中，高校“三全育人”工作者也要具备工作计划总结、调查报告、情况反映、信息简报、经验总结等常用文体的写作能力。

第四，获取知识的自学能力和科研能力。作为高校“三全育人”的一线工作者，必须拥有博大而精深的知识储备。随着社会的发展，高校“三全育人”工作者要能够与时俱进，通过自学不断地丰富和完善自身的知识储备。同时，高校“三全育人”工作者还要不断提升科研能力，进而及时发现和解决工作中出现的新情况、新问题。

第五，分析判断能力。随着现代社会的不断发展，社会生活中的一些不确定因素逐渐增多，由简单原因引起复杂结果的事件随时都有可能发生，高校“三全育人”工作者与学生接触最多，会遇到许多无法通过预案准备的突发事件。为此，要求高校“三全育人”工作者通过在复杂环境中的实践锻炼，培养和提高自身审时度势、灵活反应、当机立断的能力。

3．综合业务素质要求

当今社会素质教育全面推进，面对知识层次较高、求知欲强的大学生，作为其健康成长的引路人和指导者，高校“三全育人”工作者必须掌握学生工作领域的业内知识，具备较高的综合素质和多种知识技能，多元的知识结构和良好的知识储备是高校“三全育人”工作者做好学生工作的基石。

第一，完善的知识结构。高校“三全育人”工作者要有较完善的知识结构，有比较系统的马克思主义理论知识、高校“三全育人”专业知识、从事高校“三全育人”工作需要的其他知识，努力学习并掌握从事思想政治工作必备的专业知识和技能，熟悉教育规律，具有比较广博的社会科学和自然科学知识，以及良好的文化素养。

第二，具备专业知识，包括高校“三全育人”、学生事务管理、学生发展指导的基本理论，还要掌握心理学、教育学、伦理学、管理学、法学、社会学、职业指导等方面的专业知识和实际能力。

第三，要熟悉大学生思想特点和心理特征，掌握学生教育管理的一般规律、方法和基本知识，增加自身的知识储备，不断加厚自身的文化底蕴。

4．健康的身心素质要求

高校“三全育人”工作者工作的性质，决定了高校“三全育人”工作者不仅要身体好，更应具备良好的心理素质。

第一，要具备强健的身体素质。健康的身体素质是工作进行的保障。高校“三全育人”工作者健康的身体素质即身体发育良好，功能正常，具有充沛的精力，能够承受住工作压力，懂得随机应变，能很快适应外界环境的各种变化等。

第二，要加强心理学知识的学习。高校“三全育人”工作者要不断学习心理学知识，强化心理训练，掌握心理发展的规律，了解和分析自己的心理特征，完善自我意识，正确认识高校“三全育人”工作者角色定位，培养自信心和意志力，学会心理调控的手段和方法，形成良好的情绪反应能力和适宜的宣泄方式，保持乐观的心态、沉着的情绪，提高抗干扰能力。

第三，要加强心理教育能力的培养。高校“三全育人”工作者要掌握心理疾病的常见表现、成因及处理方法等一般知识，加强心理教育能力的培养，在为学生进行心理疏导的同时及时排解自身的输入性心理“垃圾”，保持心理健康。

随着知识经济的发展和素质教育的推行，高校“三全育人”队伍在高校“三全育人”工作中发挥着越来越重要的作用。因此，根据高校“三全育人”工作者素质要求挑选和培训高校“三全育人”骨干，同时，高校“三全育人”工作者个体也要不断提高自身素质，建设一支信念坚定、业务精湛、专兼结合、功能互补的高校“三全育人”队伍，这是当代高校“三全育人”队伍建设的目标，也是高校“三全育人”队伍建设的基本任务。

（二）当代高校“三全育人”队伍建设的内容

高校“三全育人”队伍建设的目的就是为了提升大学生思想政治教育队伍整体素质，优化高校“三全育人”队伍的整体结构，从而不断增强高校“三全育人”的效果。因此，高校“三全育人”队伍建设的内容，从宏观上讲，主要包括队伍规模，队伍结构，选拔、使用、培养、领导和管理体制，队伍的工作机制以及制度保障等方面；从高校“三全育人”工作者个体来说，主要包括素质和能力两个方面。

1．优化高校“三全育人”队伍结构

高校“三全育人”队伍结构，是指高校“三全育人”队伍内部各个构

成要素之间相互联系的稳定方式。它是保障高校“三全育人”队伍的整体性和运行有序性的内在根据。高校“三全育人”队伍的结构，支配和控制着各个要素作用的发挥，规定着各个要素的行为方式，使各个要素发生相互联系和相互作用。因此，在相同的条件下，高校“三全育人”队伍的结构不同，其整体功能也就不同。

高校“三全育人”队伍的结构主要包括专业结构、学历结构、年龄结构、职称结构、性别结构和角色结构等。要优化高校“三全育人”队伍结构，提高高校“三全育人”队伍的“软实力”。

（1）优化专业结构。专业结构是指高校“三全育人”队伍中不同专业的人才的比例。一个高效的专业群体结构，应是各类专业人员按工作的性质、任务，以一定的比例合理组合。高校“三全育人”队伍中专业结构也是动态变化的，需动态地加以调节。

合理的知识结构主要指高校“三全育人”者所必须具备的理论知识、专业知识和辅助知识。理论知识主要是指要具有马克思主义的理论知识，即哲学、政治经济学、科学社会主义、党的建设和党的历史等方面的知识，这是高校“三全育人”这门学科的理论基础。专业知识主要是指要具有高校“三全育人”的基本理论和工作业务等方面的专业知识，同时还包括与高校“三全育人”关系比较密切的心理学、教育学、伦理学、社会学、法学、管理学以及行为科学等专业知识。辅助知识主要是指要具有历史学、语言学、逻辑学、文化艺术以及现代新兴学科等知识，还包括高校“三全育人”者所在单位的有关科学技术、生产、业务等方面的一般常识性知识。

高校“三全育人”队伍主要应由以下几类专业毕业的人员构成：一是高校“三全育人”专业毕业的人员；二是由与高校“三全育人”直接相关的专业，如中文、心理学、法律、艺术等专业毕业的人员；三是由与高校“三全育人”环境及工作对象直接相关的专业，主要是本校所设各类专业毕业的人员。同时，非高校“三全育人”专业毕业的人员也必须掌握高校“三全育人”专业的基本理论。高校“三全育人”专业毕业的人员也必须掌握一定的相关学科的专业知识。

新时期高校“三全育人”工作者的知识结构，应该是一个开放的动态的系统，要随着社会的发展、知识的更新、工作任务的变化不断充实、更新和调整，从而使自己适应社会历史的发展趋势，更好地胜任高校“三全育人”工作。

高校“三全育人”政策性、知识性、专业性较强，有着自身的特殊要求，高校“三全育人”队伍既要有专业知识精通、工作经验丰富的一线干部，也要有善于做党务、行政事务工作的干部。

（2）优化学历结构。学历结构是指高校“三全育人”队伍的学历或学位的构成比例。学历代表一个人接受正规教育的程度。在一般情况下，它反映了一个人的文化知识水平。高校是知识密集、人才密集的高文化区，高校“三全育人”的对象是人。这就要求高校“三全育人”队伍必须具备较高的学历结构。鉴于各类人员的文化知识层次不同，对高校“三全育人”队伍的学历要求也应有一定的层次，而不应整齐划一，但从高校实际出发，使高校“三全育人”队伍的学历结构在现有层次水平上有一个显著的提高是十分必要的。

（3）优化年龄结构。优化高校“三全育人”者的年龄结构，要培养和选拔政治坚定、业务过硬、作风扎实、有较高文化水平的中青年同志，充实到高校“三全育人”部门，优化基层高校“三全育人”队伍结构。同时也要注意发挥离退休老党员、老干部、老教师、老工人、老劳模等老同志的自身特长和优势。高校“三全育人”队伍的年龄结构应是老、中、青三者按适当比例构成的梯形结构，其中，中青年人员应占大多数。这样的年龄结构，有利于发挥各年龄段人员的优势，提高队伍系统的整体效应，有利于高校“三全育人”队伍的新陈代谢和动态平衡，保证思大学生想政治教育队伍的稳定性和持续性。

（4）优化职称结构。职称结构指高校“三全育人”队伍中不同职称的人员的比例。一个优化的职称群体结构，一般应以中高级职称为主，高级职称、中级职称、初级职称相结合组成合理的梯队。这样做，才能适应高校“三全育人”与诚信制度建设的需要，增强实效性。

2．提高高校“三全育人”工作者的素质

政治素质是高校“三全育人”队伍成员从事高校“三全育人”活动所必须具备的政治条件和政治品质。政治素质是高校“三全育人”队伍成员应具备的最基本的素质，对其他素质起着支配和决定的作用，这就要求高校“三全育人”队伍必须具备过硬的思想政治素质。

（1）政治理论素养。全面理解并把握马列主义、毛泽东思想、邓小平理论、“三个代表”重要思想和科学发展观的精神实质；要坚持党的基本路线、方针、政策，在政治上、思想上同党中央保持一致，具有较强的政治敏锐性和鉴别力；要模范遵守宪法和法律，对国家的教育方针、法规等有正确的认识并能做出明确的解释。

（2）崇高的政治觉悟。政治觉悟是一个人所具备的理想信念、政治立场和政治观点等。作为一名高校“三全育人”者，必须具备坚定社会主义、共产主义的理想信念，在大是大非面前不动摇；必须具备坚定的政治立场即坚决站在党和人民的立场上；必须树立辩证唯物主义和历史唯物主义的基本观点，树立全心全意为人民服务的宗旨意识以及群众路线的基本观点，不断提高自己的思想觉悟和认识能力，努力做好本职工作。

（3）鲜明的无产阶级政治立场。所谓政治立场是指一个人在观察和处理政治问题时的基本出发点，它集中地反映着一个人所代表的阶级利益。因此，立场问题是一个根本问题。高校“三全育人”队伍必须坚定地站在无产阶级和广大人民群众的立场上，始终坚持从无产阶级和广大人民群众的根本利益出发来观察和处理各种问题。在现阶段，就是要坚定不移地坚持党的基本路线，自觉地在思想上、政治上同党中央保持高度一致，坚决同一切违背党的基本路线，损害人民利益的错误倾向做斗争。

（4）优良的道德品质。道德品质是一定社会的道德原则和规范在个人观念和行为中的体现，是一个人在一贯的道德行为中表现出来的稳定的特征和倾向。高校“三全育人”者必须具备优良的道德品质。首先，要树立正确的德育观。育人是学生工作的出发点和归宿点，育人和塑造人的灵魂是一项充满希望而又异常艰辛的事业，高校“三全育人”队伍要树立“育人为本”“德育为先”的理念，爱岗敬业，无私奉献，忠于党的教育事业。其次，要具备崇高的职业道德。“德高为师，身正为范”，高校“三全育人”队伍要注重自身良好品德的形成，不断提高自身修养，正确处理好国家利益、集体利益与个人利益的关系，为人师表，率先垂范，勤勉工作，公正无私，严于自律，养成良好的师德。最后，高校“三全育人”在很大程度上就是在高校“三全育人”者的言传身教和示范作用下进行的，作为高校“三全育人”者，必须做到以身作则、言行一致、表里如一，并且持之以恒。当前，广大高校“三全育人”者还必须带头学习和践行以“八荣八耻”为主要内容的社会主义荣辱观，在思想道德品质方面为广大人民群众做出表率。高校“三全育人”者只有以优良的道德品质出现在人民群众面前，才能得到人民群众的真心拥护，才能在广大人民群众中具有很强的影响力和号召力。

提高高校“三全育人”队伍的素质，加强学习培训是一条重要途径。通过组织各种形式的学习培训，帮助他们提高能力素养，增强政治敏锐性和政治鉴别力，增强做好工作的责任感和使命感。

3. 加强高校“三全育人”队伍的能力建设

加强高校“三全育人”队伍建设，从个体上讲，要围绕提高高校“三全育人”工作者的素质和能力这个主线来开展。高校“三全育人”队伍建设的核心问题，是提高高校“三全育人”队伍的素质和能力。高校“三全育人”工作者除了具备崇高的政治觉悟、优良的道德品质、合理的知识结构，还必须具有较强的工作能力，才能保证高校“三全育人”的有效开展。高校“三全育人”工作者必须具备多种能力，主要包括以下几个方面。

（1）组织管理能力。在高校“三全育人”过程中，需要组织各种教育力量，以发挥教育合力的作用。因此，高校“三全育人”队伍要有较强的组织管理能力，能够协调各方面的力量开展高校“三全育人”；能够在搜集、整理各种思想信息的基础上，制定计划并付诸实施；能够熟练、独立地组织各种高校“三全育人”活动，如报告会、讨论会、总结会等。唯有如此，高校“三全育人”队伍才能在贯彻执行学校各项决定和规章制度的基础上，组织开展丰富多彩的校园文化活动和社会实践活动。

（2）分析研究能力。人的思想认识问题看不见、摸不着，并涉及社会生活的方方面面，加上现代社会的不断发展，社会生活中的一些不确定因素逐渐增多，这些给高校“三全育人”工作者分析问题、研究问题的能力提出了较高的要求。高校“三全育人”工作者必须在正确把握党和政府的路线方针政策的基础上，密切关注社会生活，广泛涉猎各领域、各学科的知识，全面运用政治学、伦理学、统计学等学科的知识，分析研究大学生的思想状况，才能抓住其思想认识问题的实质，有针对性地开展工作。同时，也是其在复杂环境的实践锻炼中培养和提高自身审时度势、灵活反应、当机立断的能力。

（3）语言文字表达能力。高校“三全育人”工作者要能熟练驾驭自己的语言，做到吐字清晰、表达准确、言简意赅、幽默生动、逻辑严密严肃；要努力掌握谈心谈话、对话、辩论的语言技巧，能够在公开的场所准确表达自己的观点，善于作演讲和宣传；要善于把自己的工作思路准确地用语言或文字表达出来，以便向上反映问题，向下进行宣传；要善于针对大学生思想实际和心理特点，进行个别谈心和说服教育。此外，在实际工作中，高校“三全育人”工作者也要具备工作计划总结、调查报告、情况反映、信息简报、经验总结等常用文体的写作能力。

（4）研究新问题的能力。组织高校“三全育人”工作者，一方面要以马克思主义为指导，紧密结合现阶段高校“三全育人”的实际，积极开展高校“三全育人”理论研究。通过组织调查研究、总结交流经验、举行专题研讨等各种形式，推动高校“三全育人”工作者钻研高校“三全育人”理论，不断提高高校“三全育人”工作者个体的理论水平、分析能力和写作能力。另一方面，积极吸收高校、党校、行政学院和社科研究机构中理论水平高、研究能力强的专家学者作为高校“三全育人”队伍的骨干力量，注重发挥外力外脑的作用，提高高校“三全育人”队伍整体的研究能力，为新时期高校“三全育人”的实践提供智力支持和理论指导。

（5）沟通协调能力。学生工作是一项复杂的系统工程，“上面千条线，下面一根针”。因此，高校“三全育人”队伍要善于协调上下、左右、内外等方方面面的关系，既要经常与领导、任课教师、班主任等保持密切的联系与沟通，又要协调好与学生、学生干部的关系。

高校“三全育人”工作成效如何，关键取决于高校“三全育人”队伍能力素质的高低，高校“三全育人”队伍的其他素质要求的最终落脚点也在能力上。

4．提升高校“三全育人”队伍的科学管理水平

高校“三全育人”队伍的管理，是指对高校“三全育人”者进行选拔、培养、使用和考核的过程。加强高校“三全育人”队伍的管理，对于提高高校“三全育人”队伍的整体素质，发挥高校“三全育人”队伍的整体功能，保证高校“三全育人”系统的正常运行，都具有十分重要的意义。

（1）做好选拔工作。一个合格的高校“三全育人”者必须具备从事高校“三全育人”的基本素质，并热爱高校“三全育人”。只有将一个个合格者选拔和充实到高校“三全育人”队伍中来，才能建设一支精干的高校“三全育人”队伍。

（2）优化培训机制。人和事物都是发展变化的，为保证高校“三全育人”工作与时俱进，必须加强高校“三全育人”工作者各种能力和素质的培养。而其中非常重要的途径就是不断健全和完善岗前培训、学习制度、导师培训、选送培养、实践锻炼和理论研究等方面，形成长效机制，并使这些机制实效得到最大发挥。

（3）正确使用人才。毛泽东曾指出“必须善于使用干部。领导者的责任，归结起来，主要的是出主意，用干部两件事”。因此，高校“三全育人”队伍正确地使用高校“三全育人”工作者，是高校“三全育人”队伍管理的中心环节。遵循任人唯贤、因事择人、量才适用、特性互补、信任爱护等原则，正确地使用高校“三全育人”工作者。

（4）健全考评机制。加强对高校“三全育人”工作者的科学考核往往是高校“三全育人”组织从事高校“三全育人”活动的中心，具有重要的导向作用。考核又是高校“三全育人”队伍管理的一项重要内容。它不仅是高校“三全育人”工作者晋升的依据，也是总结经验、发现问题、奖励先进、鞭策后进不可缺少的手段。

第二节　高校“三全育人”队伍的结构及职能

高校“三全育人”队伍的结构，是指高校“三全育人”队伍内部各个构成要素之间相对稳定的联系方式。它是由多岗位、多层次结构组成的动态综合体。多岗位是指按照高校“三全育人”管理不同的职能形成的组织结构。高校“三全育人”队伍主要是由党政领导和党政部门中负责高校“三全育人”管理的专职、兼职政工干部，以及高校“三全育人”课教学和研究人员构成的。[①]多层次结构主要是指高校“三全育人”管理队伍有知识结构、专业结构、年龄结构、能力结构和个性结构构成的要求。高校“三全育人”队伍的结构，支配和控制着各个要素作用的发挥，规定着各个要素的行为方式，使各个要素发生相互联系和相互作用。因此，高校“三全育人”队伍的结构不同，其整体功能也就不同。队伍结构合理，可以使各个要素相互配合，发挥出单个要素所起不到的作用，使整体的功能发挥出最佳效果；队伍结构不合理，就会使各个要素相互摩擦、相互抵触、相互牵绊，使整体功能达不到预期的效果。

可以说，高校“三全育人”队伍建设的一项重要任务，就是要建立高校“三全育人”队伍的合理结构。建立高校“三全育人”队伍的合理结构是加强这支队伍管理的基础，是实现教育管理职能的前提，也是改变这支队伍建设的现状所必须采取的措施。

总的来说，建立高校“三全育人”队伍的合理结构，在工作的运行机制上我们应当做到党政合力、专兼合一、齐抓共管、管教结合；而在人员的合理配备上我们应当做到提高质量、充实数量、分工合理、比例适当。建立合理的结构，不仅是一个工作管理问题，更是一个科学的实践问题，这需要我们在工作中仔细进行研究和探索。

---

① 赵志军，于光河，李晓元．思想政治教育管理学[M]．北京：中国社会科学出版社，2009：9．

一、高校“三全育人”队伍的结构

高校“三全育人”队伍的结构包括三个部分：第一，管理结构；第二，职能结构；第三，人员结构。

（一）管理结构

高校“三全育人”队伍的管理结构，主要是为了更好地完成高校“三全育人”任务而必须建立科学管理的运行机制，这种运行机制要充分体现党政合力、专兼合一、齐抓共管、管教结合的指导原则。①

党政合力，是指党政两个系统的力量要拧成一股绳、合成一个劲，充分体现出领导得力、工作得力、措施得力。

专兼合一，是指专职和兼职两支队伍合二为一，专职为骨干，兼职是基础，工作上一个方向、一个目标、一个步调。

齐抓共管，是指调动一切力量，发动所有人员共同管理。党、政、工、团齐心协力，紧密配合，各单位和各部门行动一致，通力合作。

管教结合，是指教育和管理紧密结合，以教育带动管理，用管理促进教育。在管理过程中要敢于管理、善于管理、严于管理，体现从严治校的原则。在教育中要进行有针对性教育、联系实际教育、全方位综合效能教育，体现教育为本的原则。

（二）职能结构

在高校中，高校“三全育人”～队伍主要履行的职能有理论教育、工作管理、日常教育理论研究。因此，高校的高校“三全育人”队伍主要包括四个部分：负责高校“三全育人”工作的领导和管理干部、负责高校“三全育人”的理论教学人员、负责日常高校“三全育人”和管理的工作人员、负责高校“三全育人”理论的研究人员。这四部分人员构成了高校“三全育人”队伍的主体。

（三）人员结构

合理的人员结构主要是指高校“三全育人”队伍，特别是对专职队伍在比例、年龄、职称、学历等方面进行科学的配备和充实，从而提高这支队伍的整体素质，产生最佳功效。

---

① 赵志军，于光河，李晓元．思想政治教育管理学[M]．北京：中国社会科学出版社，2009：9．

1. 比例结构

比例结构指的是高校中从事高校“三全育人”工作的专职人员占学校学生总数的比例。合理的比例结构是开展高校“三全育人”必要的组织保证。高校要根据实际工作需要，科学合理地配备足够数量的专职辅导员和班主任。专职辅导员总体上按学生人数的 1∶200 来配备，保证每个院的每个年级都有一定数量的专职辅导员。

2. 年龄结构

年龄结构是指高校“三全育人”队伍人员结构中，不同年龄人员的比例构成和相互关系，主要分为老、中、青三部分。高校“三全育人”工作是一项具有多种职务和任务的复杂工作，有的任务需要有丰富经验的年长者来承担，有的则需要有创新意识的年轻人来完成，因此，高校“三全育人”工作队伍应该是一支老、中、青相结合的具有合理比例的综合体，并处于不断发展的动态平衡中。在当前，这支队伍年龄偏低的现象较为突出。特别是第一线从事日常高校“三全育人”和管理的干部，如政治辅导员和团干部，几乎是近几年毕业的研究生，他们大多年龄较小，经验不足。而在思想政治教学队伍中，中青年人员所占比重也很大。这种年龄结构需要做认真合理的调整。一般来说，为了适应学生工作的需要，这支队伍应当相对年轻一些，应以 25 ~ 45 岁的人员为主，这支队伍还需要政治坚定、业务过硬、作风扎实、有较高文化水平的中老年同志，充实到高校“三全育人”部门，以便形成老中青合理搭配的年龄结构。只有这样的年龄群体结构，才能依据人的心理特征和经验能力水平，发挥各自的最优效能，避免各自的不足。

3. 职称结构

职称结构，是指专职高校“三全育人”队伍同其他业务教师一样具有合理的职称分布。合理的职称结构对于这支队伍的建设和稳定，对于提高这支队伍的素质具有重要意义。高校“三全育人”队伍的职称可以按教师系列，可以按政工系列，也可以按研究系列。合理的职称结构，一般来说助教应占 40%左右，讲师应占 40%左右，教授、副教授占 20%左右。由于队伍存在着年龄老化和后继乏人的情况，所以对于那些具有高级职称的同志，可以根据需要返聘。

4．专兼结构

专兼结构，是指高校“三全育人”队伍中精干的专职与大量的兼职人员的结合。合理的专兼结构是调动广大教师和干部教书育人、管理育人、服务育人积极性和创造性的重要措施和手段。高校“三全育人”工作队伍应由精干的专职人员和较多的兼职人员组成，以专职人员为主，以兼职人员为辅。

5．学历结构

高校“三全育人”工作的对象是大学生群体，这就要求高校“三全育人”工作者必须具有较高的正规教育学历。从长远看，高校“三全育人”工作教师应达到硕士水平，其中有的应达到博士水平，至少也应达到双学位水平或本科学位水平。同时，高校“三全育人”队伍应当由初级、中级、高级知识水平的人按一定的比例构成，这种结构一般应该是正三角形的稳态结构，即初级职称人员数量大、中级职称人员数量较大、高级职称人员数量小的结构，而且还应随着需要而不断地加以调整。只有这样，才能使具有不同知识水平的人相互配合，构成一个动态平衡的有机体。

高校“三全育人”队伍合理结构的建立应该遵循一些基本原则：实效性原则、科学性原则、高效能原则、长远性原则和精简原则。这是因为：高校“三全育人”管理的根本目的在于完成教育职能，实现人才的培养目标，这应当成为建立合理结构的根本出发点和归宿；高校“三全育人”管理是一门科学，因而建立合理的结构要遵循科学化、正规化、系统化的科学性原则，并在实际工作中不断总结，日臻完善；由于当前高校“三全育人”工作面临着艰巨复杂的工作任务，因而合理结构的建立，必须着眼于提高工作效率；高校“三全育人”是关系到坚持社会主义办学方向，培养社会主义事业接班人的质量问题，从战略上看是一个长期、复杂的工作。因此，建立合理的结构要服从于服务于这一战略任务的需要。要长远规划，立足发展，建立良性循环；合理结构的建立，必须以实际需要为依据，使结构合理、编制恰当、精干有力，避免机构臃肿、人浮于事和结构欠缺、人员不足两个片面性，这是充分发挥高校“三全育人”工作功效的需要，也是节约人力、物力、财力的需要。

二、高校“三全育人”队伍的职能

高校“三全育人”队伍的职能是指高校“三全育人”工作者的职责和功能。我们认为，高校“三全育人”队伍在高校育人工作中，具有教育职能、管理职能、协调职能和科研职能。

（一）教育职能

教育职能是指高校“三全育人”工作者按照一定的高校“三全育人”目的，依据教职工和学生的思想状况和思想行为规律对他们所进行的教育、引导和塑造。[①]这一职能是高校“三全育人”队伍最基本的职能，是其他一切职能的基础和归宿，也是实现高校“三全育人”目标的决定性因素。教育职能主要包括以下四个方面：

（1）灌输。通过系统宣讲、辅导自学、日常教育、指导实践等途径，有组织、有计划地对师生尤其是大学生群体进行马克思主义思想政治理论教育，从根本上提高他们的思想政治觉悟，提高他们认识世界和改造世界的能力，引导他们确立坚定正确的政治立场、政治观点、政治理想、政治信仰、政治态度、政治品质，引导他们的思想行为向社会主义方向发展。这是高校“三全育人”队伍的首要职能。

（2）激励。帮助和引导师生将自身利益与国家和集体的利益统一起来，增强社会责任感和历史主体意识，激发和鼓励他们充分发挥自己在学习和工作等各方面的积极性和创造性。在高校，激励的最基本的任务是激发大学生形成积极的动机，而激励的方法很多，其中最为普遍的方法是奖励。奖励是对学生的正确思想和行为的肯定，也是巩固和进一步激发积极性的途径。奖励可以分为物质奖励和精神奖励，在施行奖励时，要讲究奖励的艺术性，将两种奖励相结合，并在奖励过程中始终贯穿细致深入的高校“三全育人”工作。除此之外，激励的方法还有民主激励、强化激励、关怀激励等等。各种激励的方法和手段，应当根据不同对象、不同情况加以运用，以达到激发学生的积极性、能动性和创造性的目的。

（3）转变。帮助和引导师生积极正确地开展思想斗争，自觉地进行思想改造，克服各种不健康的、错误的思想意识，使错误思想转变为正确思想，使非无产阶级思想转变为无产阶级思想。要保证大学生健康成长，不仅要进行正面教育，还应该在各种情况下，通过及时的教育引导使大学生避免或纠正错误，保证他们的健康成长。

（4）调节。调节学校内部人与人之间的关系，调节人们的心理状况，化解师生间的各种矛盾，为师生思想行为的健康发展创造良好的内部心理环境和外部人际环境。大学生生活在群体之中，由于每个人的思想观念不

---

① 赵君．新时期高校思想政治教育队伍建设实证研究[M]．北京：冶金工业出版社，2008：89．

同，兴趣、性格等个性有所差异，再加上每个人对整体情况了解的局限性，必然导致群体之间、个人之间、个人与群体之间普遍存在分歧，它们如果不能得到有效解决，便会造成隔阂，从而影响健康、团结和学习。人生活在环境之中，受环境的影响极大。环境不仅影响人的情绪，而且影响人的思想和品行。良好的环境不仅能使人心情舒畅，而且能够陶冶人的性情、激发人奋发向上。因此，高校“三全育人”队伍的一项十分重要的工作就是净化、美化和优化学校的育人环境，充分发挥环境育人的作用。

（二）管理职能

管理职能是指高校“三全育人”工作者按照一定的高校“三全育人”目的，依据教职工和学生的思想状况和思想行为规律，运用各种管理手段，对他们所进行的教育、引导和塑造。管理是不可缺少的一部分，有效的管理不仅可以强化教育影响，促使工作对象养成良好的行为习惯，提高他们的组织性、纪律性和遵纪守法的自觉性，而且可以为教育的顺利实施提供组织上和制度上的保证。高校“三全育人”队伍的管理职能主要表现在以下三个方面：

（1）目标管理。依据社会要求和师生思想状况及其发展的需要，确定高校“三全育人”的总目标和分目标，组成目标体系，使师生的每个个体都能有明确而又具体的目标作为自己努力的方向，并围绕目标的实现展开一系列管理活动，通过一个个具体目标的实现，不断实现高校“三全育人”的总目标。

（2）制度管理。依据高校“三全育人”的目标，制定合理的规章制度，通过各项规章制度的贯彻、实施、检查、反馈与处理，引导和规范师生员工的各种行为，使其养成良好的行为习惯。

（3）组织管理。依据高校“三全育人”的目标，通过党组织、共青团组织、工会组织、学生会组织、教研室、班级等各种组织形式对广大师生进行管理，运用组织纪律、集体舆论等手段，引导和规范师生的行为。

（三）协调职能

协调职能是指高校“三全育人”工作者按照一定的高校“三全育人”目的，运用各种手段，协调校内外各种高校“三全育人”的相关因素和力量，发挥积极作用，使之形成高校“三全育人”工作合力，以便取得最佳教育效果。在高校“三全育人”过程中，教职工和学生正确思想和优良品德的形成，是各种教育力量和因素合力作用的结果。高校“三全育人”工作者只有协调好各种教育力量之间的关系，使之密切配合、相互补充，形成强大的高校“三全育人”工作合力，才能取得最佳的教育效果。高校“三全育人”队伍的协调职能主要包括以下五个方面：

（1）协调学校教育与社会教育及影响之间的关系。积极争取各种社会教育力量对学校高校“三全育人”的支持和配合，充分利用社会环境的积极影响，克服和消除社会环境的消极影响，以便达到社会教育及社会影响与学校教育在方向上的一致。

（2）协调学校教育与家庭教育及影响之间的关系。减少家庭教育及影响的自发性和盲目性，使家庭教育及影响与学校教育在方向上保持一致或基本一致。

（3）协调学校内部各种教育力量和因素之间的关系。使高校“三全育人”与教学科研工作、行政后勤管理工作相结合，德育与智育、体育相结合，高校“三全育人”队伍的育人工作与其他教育者的“教书育人”“管理育人”“服务育人”工作相结合，从而形成全方位的高校“三全育人”格局。

（4）协调高校“三全育人”队伍内部的关系。使所有高校“三全育人”部门、组织和高校“三全育人”工作者都能围绕学校高校“三全育人”的目标和一个时期的中心任务开展高校“三全育人”，避免相互冲突或重复劳动，以使高校“三全育人”队伍能够发挥最大的整体功能。

（5）协调大学教育与中学教育之间的关系。通过相互沟通和反馈调节，使二者相互衔接，从而使中学教育能够为大学教育奠定良好基础，使大学教育能够按照学生思想品德形成和发展的规律循序渐进。

（四）科研职能

科研职能是指高校“三全育人”工作者在实践的基础上，运用马克思主义的立场、观点和方法对高校师生尤其是大学生思想行为规律和高校“三全育人”规律的分析、研究和探索。高校“三全育人”工作者不仅需要有良好的实践能力，而且必须具备优秀的研究能力。通过深入的研究去发现与分析新问题，通过深入的研究去找到解决这些问题的思路与办法，通过深入的研究去提高驾驭新时期思想政治工作的水平。加强高校“三全育人”理论研究，是实现高校“三全育人”科学化的重要前提，也是提高高校“三全育人”工作者自身素质的重要途径。高校“三全育人”队伍的科研职能主要包括以下两个方面：

（1）基础理论研究。系统研究马克思主义关于高校“三全育人”的基本理论，科学总结高校“三全育人”的历史经验，有机地吸取相关学科的理论成果，着力揭示高校“三全育人”的内在规律，建立和完善高校“三全育人”学的理论体系，使高校“三全育人”真正成为一门科学。目前，这项工作已经取得了不少有价值的成果，但要完全科学地揭示高校“三全育人”的规律还有许多工作亟待去做。

（2）应用理论研究。以马克思主义为指导，着力研究和解决现阶段高校“三全育人”中出现的各种新问题，及时总结高校“三全育人”的新经验，努力探索社会主义市场经济条件下高校“三全育人”的新机制、新方法和新途径，为加强和改进高校“三全育人”提供可操作的理论指导。

教育职能、管理职能、协调职能和科研职能是高校“三全育人”工作者的四项基本职能。这四项基本职能既相互区别，又相互联系、紧密配合、相互补充。教育职能是其中最基本的职能；管理职能是教育职能的重要补充；协调职能是实现教育职能的内在要求；科研职能为发挥教育、管理和协调职能提供理论指导，又依赖于发挥教育、管理和协调职能的实践。如果其中某一项职能没有得到发挥，高校“三全育人”的效果就会受到影响。当然，就各个高校“三全育人”机构和人员来说，由于各自的工作任务不同，其基本职能发挥的侧重点也会不同。但是，每个高校“三全育人”机构和个人都必须履行这四个职能，发挥这四个职能的功能，才能切实做好自身所承担的工作，并保证高校“三全育人”整体目标的实现。

此外，高校“三全育人”队伍不仅引导学生，同时也影响教师。高校“三全育人”队伍既是教师中的普通一员，又是对学生进行高校“三全育人”的人员。他们的一言一行，能否以身作则、身体力行，直接关系着高校“三全育人”的成效。他们通过自身的努力，一方面教育引导全体学生，另一方面树立教师的榜样。

第三节　高校“三全育人”队伍建设现状与应对措施

一、高校“三全育人”队伍的现状分析

总体来讲，目前高校思想政治工作队伍是适应新时期工作发展需要、具有很强战斗力的，其功绩不可否认。但是也应看到，在思想政治工作队

伍建设方面还存在一些不尽人意之处，队伍的整体素质离新形势提出的新要求还有一段距离，需要进一步提高。

（一）部分教育者政治倾向出现偏差

少数教育者存在淡化政治的倾向，对马列主义不是真懂、真爱、真信；过分强调其课程教学的知识传授功能，而忽视其政治教育功能，甚至为了追求知识性而牺牲政治性。

（二）队伍思想观念与新形势下加强和改进高校“三全育人”工作的要求不相适应

在高校“三全育人”工作队伍中，有的教育者习惯于陈旧的思维定式和工作方法，不注意研究新形势下出现的新情况、新问题，不善于创造性地开展思想政治工作；有的教育者事业心和责任感不强，精神不振，工作得过且过，学习抓得不紧，思想落后于时代，对掌握运用新的科技手段缺乏积极性；有的教育者形式主义严重，工作针对性不强，不注意提高工作的实际质量和效果，缺乏开拓创新的精神，难以适应形势的发展。

（三）队伍不稳定，后备队伍匮乏

现在理论教育难以吸引高素质人才。在以前的计划经济条件下，“讲政治”高于一切，理论教育是光荣而神圣的岗位，理论教育工作者也受到社会的尊重，其选拔和任用主要依赖行政手段。但是改革开放之后，市场的配置作用日益明显，人们可以通过不同的方面来实现人生价值。在发展市场经济大潮的影响下，人们对物质利益的追求日益突出，对政治荣誉的向往则逐渐淡漠。在这样的社会环境下，一些理论教育工作者认为，理论教育走下了过去的神坛，失去了原来的社会美誉，理论教育也不再有往日的光环，自我感到从事理论教育工作的底气不足。“十年经商成富翁，十年科技成高工，十年理论两手空”在行业里成为一句俗语，因为没有从事理论教育的光荣感和成就感，有的理论教育工作者心游神移，想方设法跳槽改行。在目前情况下，当前的热门行业依次是电子类、医生、管理类、经济类、经营类等。由此可以看出，追求个人收入的最大化，成为绝大多数各类人才选择职业的首先考虑因素。据对某市 12 所大学的统计，工作在第一线的理论教育工作者主要是年龄大的教师。据某大学介绍，他们在实施“长江学者计划”的过程中，2004 年拟招聘 3 名理论教育专业的学者，但报名者不足5人，仅是经济管理专业报名人数的1／10。总之，吸引不进、保留不住高素质的人才，已经成为制约理论教育队伍发展壮大的瓶颈。

（四）理论研究的水平较低

思想政治工作者对高校“三全育人”教学规律的研究较为为薄弱，具有针对性的、因时因地制宜的研究更少。理论研究与实践两层皮，造成了一种假繁荣的景象。研究论文论著成倍增长，教育实施过程却办法不多、实效不大。高校“三全育人”研究的方法单调，要么是政策法令引用式，要么是工作经验总结式，要么是调查报告式。理论研究的薄弱进一步降低了高校“三全育人”队伍的科研兴趣。

（五）工作环境不够理想

有的高校对教学科研等行政业务工作比较重视，没有把大学生日常思想政治工作摆在应有的位置；有的高校忽视日常思想政治工作的专业要求，不重视教育培训工作，对改善思想政治工作队伍的结构认识不高，措施不力；有的高校日常思想政治工作者地位不高、待遇偏低，致使队伍人心不稳。

（六）队伍的发展机制有待完善

队伍的发展机制有待完善主要表现在高校“三全育人”工作者个人发展的保障机制尚未完善。主要有以下几个方面表现：

第一，高校“三全育人”队伍特别是高校一线辅导员的发展前景不明朗，高校在高校“三全育人”工作者在职称评定、职务晋升等方面没有建立或完善相应的制度。

第二，思想政治理论课教师的培训机制不健全。思想政治理论课的性质和特点要求教师必须知识全面、阅历丰富，要通过学习和培训，不断拓展新思维、提升新能力、适应新要求。但是，目前大多数高校为这些教师提供的深造、进修机会并不多。

第三，高校“三全育人”队伍特别是一线辅导员的待遇有待提高。辅导员是开展高校“三全育人”的骨干力量，是大学生健康成长的指导者、引路人。在为社会培养高素质人才的过程中，高校辅导员付出了辛勤的劳动和汗水。但是，目前来说，高校辅导员的综合收入水平和同级专业技术人员的综合收入水平相比偏低；同时由于缺乏相关的保障机制，辅导员的职称普遍不高，许多高校的辅导员特别是专职辅导员，由于科研成果不多，职务晋升很困难，竞争领导岗位的机会也很少。工作强度与个人发展机会、利益之间的反差影响着他们的工作积极性，进而影响着整个高校“三全育人”队伍的稳定性，给学校的稳定工作带来了一定的负面影响。

因此，新的形势和科学发展观的新要求，迫切需要高校建立一支专兼结合的“高素质、高能力、高水平”的思想政治工作队伍。这不仅是加强和改进高校“三全育人”的组织保证，也是提高高校“三全育人”实效性的关键。

二、加强高校“三全育人”队伍建设的措施

（一）加强对高校“三全育人”队伍的思想教育

1. 强化政治理论教育

高校要结合新形势发展的需要，更新观念，开展理论学习和培训，通过组织培训班、举办专题讲座及研讨会等多种形式的活动，提高高校“三全育人”的政策理论水平和教学能力，从而提升高校“三全育人”队伍整体素质与水平，确保教师队伍树立坚持马克思主义在意识形态领域的主导地位的观念；树立中国特色社会主义共同理想；树立以爱国主义为核心的民族精神和以改革创新为核心的时代精神的理念。

2. 强化奉献精神教育

学生高校“三全育人”工作量大，工作时间长，内容繁细，责任重大。针对这种情况，高校要对高校“三全育人”加强理想教育、价值观教育，培养他们热爱教育事业、勇于奉献的精神，激励他们在培养和教育学生的过程中实现自身价值，体会为人师表的崇高使命感和光荣感。

3. 强化社会实践教育

“实践出真知”，实践对高校“三全育人”队伍素质的提高具有决定性作用。高校“三全育人”的许多知识和能力只有在实践中才能获得，并得到锻炼和提高。因此，高校“三全育人”要在坚持正确理论的指导下，加强实践锻炼。高校要组织高校“三全育人”参加社会实践，通过深入企业、农村、部队及省内外兄弟院校，了解国情，了解现代高等教育中出现的新情况、新问题，学习新时期思想政治理论课教学中的好做法。广大高校“三全育人”要勇于实践，善于实践，运用所学的知识，结合自己的教学工作，从实践中总结经验，使其条理化、系统化、理论化，从而提高自己的教学能力和教学实效性。

（二）明确高校“三全育人”队伍的建设目标

1．学历结构目标

从事高校思想政治理论课教育教学工作的教师，要达到大学本科或以上学历。其中，引进应届毕业生从事教学工作的，要具有研究生学历；从事高校“三全育人”工作的，要具有大学本科或以上学历。对于未具备以上学历的在职教师，应通过在职攻读研究生等方式进一步提高学历层次。

2．职称结构目标

要形成合理的职称结构，即由一定比例的教授、副教授、讲师、助教组成，形成一个橄榄形的稳固结构，副教授、讲师应占多数，形成一支有实力的高校思想政治理论课师资队伍。

3．专业结构目标

马克思主义理论专业的教师应是高校思想政治理论课师资队伍的主体，尤其是从事思想政治理论课教学工作的，应占绝大部分；与高校学生专业相一致或相关专业的教师，可以在从事高校“三全育人”工作的师资队伍中占有一定比例。

4．年龄结构目标

高校思想政治理论课师资队伍要实现老中青结合，其中，中青年教师应占大多数。

（三）加强高校“三全育人”队伍的制度建设

高等学校应当按照学生思想教育管理走向科学化、程序化、规范化的要求，建立和完善各项规章制度，提高高校“三全育人”队伍建设的规范化、制度化水平，积极探索建立激发高校“三全育人”队伍积极性和可持续发展的长效机制。

1．校领导要从战略高度认识思想政治理论课的重要性，采取切实措施保证高校“三全育人”在高等学校中的地位

高校领导必须认识到思想政治理论课教育教学是保证社会主义办学方向的根本。要杜绝思想政治理论课“说起来重要、做起来次要、忙起来不要”的错误思想，要实实在在地重视思想政治理论课教育教学，及时解决高校“三全育人”在实际中遇到的各种问题。

2．调整思想政治理论课的教学机构与管理机构

要理清思想政治理论课教育教学的责任体系，体现学校对思想政治理论课教育教学工作的重视。以西南师范大学为例，该校在2000年3月将思想政治理论课教学部与原政治系合并，组成政法学院，学院下设马克思主义理论教育系，具体承担全校思想政治理论课的教育教学工作。这在一定程度上使得思想政治理论课专职教师有了相应的专业作为依托，拓宽了高校“三全育人”工作者的发展空间，调动了他们从事思想政治理论课教育教学的积极性。

3．坚持标准，改善结构，严格高校“三全育人”选拔制度

高校要充分考虑到思想政治理论课的教学目标，一方面严格把好入口关，坚持德才兼备的原则，按照提高素质、优化结构、专兼结合、功能互补、信仰坚定、业务精湛的要求，选拔政治素质优、思想作风好、学历层次高、组织管理能力强、善于做群众工作的党员教师来担任高校“三全育人”，同时扩大队伍来源，面向社会选拔优秀毕业生，在人员选拔上注重学科交叉，优化队伍结构，增强队伍的战斗力，以适应不断变化的新形势。

4．完善教师职务聘任制，引入竞争机制，形成竞争上岗的局面

《中华人民共和国高等教育法》规定，高等学校实行聘任制。实行聘任制就是将职称评定与职务聘任区分开来，从具备相应任职资格的教师中选聘优秀教师担任相应职务。高校应大力推行教师聘任制度，可以要求高校“三全育人”工作者全部与人事处签订工作协议，承诺其工作的主要任务是从事思想政治理论课教育教学工作，从而保证思想政治理论课教育教学工作的正常开展。同时，只有实行真正意义上的聘任制，打破职务终身制，才能形成竞争上岗的局面，一方面留住优秀人才，另一方面让富余人员流动出去，保持高校“三全育人”队伍的高水平和高素质，促进队伍现代化水平的提高。

5．建立完善利益机制，保障高校“三全育人”队伍的福利待遇

根据国家的统一部署和要求，高校要在合理估算高校“三全育人”人员工作量的前提下，科学制定收入分配制度改革的实施意见，逐步建立和完善体现岗位职责、能力和业绩的薪酬体系，加大对优秀拔尖人才的分配倾斜力度，切实保障高校“三全育人”队伍各方面的待遇，从而保证高校思想政治理论课教学实效性。

第六章　高校“三全育人”的组织路径

目前，我国在校大学生包括专科生、本科生和研究生的数量持续增加，想要把数量庞大的大学生群体培养成中国特色社会主义事业的建设者和接班人，很重要的一点就是要通过合理的组织形式凝聚在校大学生，把他们统一到现代高等教育的框架之中。历史经验告诉我们，党组织、团组织、班级、社团以及学生会是学校大学生组织的有效形式，并且这些组织在我国各学校具有比较深厚的历史基础，是我国大学生组织建设的重要切入点。

党组织是凝聚优秀大学生并发挥其在学校“三全育人”中骨干带头作用和先锋模范作用的战斗堡垒；团组织是在教育、团结和联系大学生方面由先进青年组成的群众组织；班级是大学生自我教育、自我管理、自我服务的主要组织平台；社团是学生参加社会实践、提高自身综合素质的重要渠道；学生会是学生参与学校事务，提高个人组织能力的平台。在高校“三全育人”中，这几个工作做好了，才能促进高校“三全育人”工作的开展。

第一节　依托相关组织建设开展“三全育人”

马克思曾经指出，人在其本质上“不是单个人所固有的抽象物，在其现实性上，它是一切社会关系的总和。”[①]由于大学生是存在社会关系中的人，因此在大学里以群体共同学习的方式接受“三全育人”。在大学里存在许多群体组织，这些组织一般有党组织、团组织和社团组织。大学生的学习和生活都在这些组织中进行，这就要求我们不断推进这些组织的建设工作，通过组织路径实现高校“三全育人”的不断发展。

一、依托党组织，推进高校“三全育人”

（一）学校党建工作现状分析

党中央历来高度重视高校党的建设工作。1990 年，中共中央发布了《关

① 马克思恩格斯选：第 1 卷[M]．北京：人民出版社，1995：60．

于加强高等学校党的建设的通知》,并在当年组织召开了第一次全国学校党建工作会议。此后，全国学校工作会议几乎每年召开一次，专题研究、指导学校党建工作。2005 年，中共中央组织部、中共教育部党组、共青团中央联合下发了《关于加强和改进在大学生中发展党员工作和大学生党支部建设的意见》,对学校学生党建工作做出了具体部署。各学校按照中央的部署和历次党建工作会议要求，始终把党建工作摆在突出位置，大力加强这项工作，在扩大党员数量和提高质量方面都取得了突出成效。当前学校学生党建工作中，还存在着种种不足，影响和制约了党建工作的质量。归纳起来，主要是：在发展学生党员上，个别学校的政工干部不能辩证地看待数量和质量的关系，盲目追求发展党员的数量，忽视了质量，造成把关不严，极个别不符合党员标准的学生进入了党员队伍，损害了党员队伍的纯洁性，甚至影响了党组织在大学生心目中的威信和号召力；在入党积极分子和党员的教育上，没能做到与时俱进，形式仍然以听报告、念文件为主，内容上也没做到体现时代特征和联系学生的生活实际，挫伤了他们追求真理、解答现实困惑的积极性；在大学生党员的管理上，没有将党章对党员的要求具体化，导致对大学生党员的监督考评无章可依；在发挥先锋模范方面，极个别大学生党员原本入党动机不纯，“入党前拼命干，入党后松一半”，在学习、工作中根本没发挥作用，影响了党组织在学生心目中的光辉形象。这些问题虽然只存在于部分学校部分大学生党员中，但其危害却很大，足以引起我们的重视，并采取相应的措施，加强和改进学校学生党建工作。

（二）通过加强学校党组织建设，带动“三全育人”

1．充分利用党组织的政治优势，发挥政治导向作用

党组织的突出特点是具有鲜明的、正确的政治导向性。政治导向是大学生成长、发展应当遵循的政治方向。学校要正确把握政治导向，就要以理想信念教育为核心，帮助大学生树立科学的世界观、人生观和价值观。学校党组织作为政治组织，理所应当发挥政治教育作用，首要的就是抓好理想信念教育。在开展理想信念教育方面，学校具有独特的优势，不仅有组织健全的各级党组织，更有系统的马克思主义理论教育，还有理论修养深厚、知识渊博的专家教授，为大学生理想信念教育创造了良好的条件。学校党组织一项很重要的任务，就是组织大学生党员和积极要求入党的学生，学习党的基本理论、基本路线、基本纲领、基本经验，用马克思主义理论武装头脑，坚定走中国特色社会主义道路的信念，树立共产主义理想。

2. 通过建设校园文化，推动大学生党组织文化建设

大学生党组织文化是校园文化的重要组成部分。校园文化与大学生党组织文化是相互沟通相互交流的关系。运用马克思主义原理推动校园文化建设，在校园宣传马克思主义理论，宣传党的路线方针、政策就是在推动大学生党组织文化建设。

（1）促进学生党组织文化建设与校园文化建设的融合。毋庸置疑，学校学生党组织文化建设在其所处的校园环境内，必然会留下校园精神的烙印。大学生党组织文化要充分发挥其凝聚力和吸引力，就必然要求与校园文化有机结合，以校园文化的一部分让广大师生认同接受。以校训为例，校训是一所学校价值观的长期总结，体现学校的外在精神面貌，是校园文化的“灵魂”，也是大学生党组织文化必须吸收的文化养分。校训不可能自发地产生和形成，几代学校领导、教授、专家学者有意识的培养学生认同这一理念，并长期努力培育后才为师生员工所认同，成为今后全体师生的共同准则。好的校训是无声的命令，是行动的旗帜，是对所有师生的命令和要求，如北京师范大学校训：“学为人师，行为世范”，复旦大学校训：“博学而笃志，切问而近思”。从这些有着优秀校园精神文化的高等学府走出来的广大学子、党员，都深深地把这些校训埋在心里，认同在行动上。因此，要巩固学生党组织文化建设的阵地，就应该重视研究党组织文化建设与校园精神文化有机融合的问题，将以校训为代表的校园文化、校园精神融入大学生党组织文化建设之中，会取得事半功倍的效果。

（2）通过校园文化建设促进大学生党组织文化建设。校园文化的发展，不会主动地会促进大学生党组织文化的发展，要注意对校园文化的引导，使之促进大学生党组织文化朝着马克思主义方向发展。从大学生党组织文化建设正常发展的角度讲，校园文化建设要注意以下几个方面：

第一，用科学发展观指导和谐校园文化建设。在校园贯彻落实科学发展观，要求以大学生为本，注意培养和发扬大学生民主意识，提高师生对校园文化建设的主人翁感、荣誉感、成就感。

第二，搞好社团组织建设。社团活动是校园文化的重要内容，也是大学生党建工作的重要载体。大学生党建不能只停留在学生学习中，也要在生活中实现。把党建融入社团，在社团活动中学习马克思主义理论。通过社团活动，可以有效培养大学生党组织的良性文化。

第三，充分发挥教师群体的指导作用。教师是校园文化中对学生影响最大的文化群体，对大学生党建工作有重大的影响。教师的工作不仅仅应

该停留在教学上，还应该包括育人。因此，参与指导校园文化活动，发挥校园文化活动的育人功能是教师的天职。保证校园文化活动质量需要充分发挥教师的巨大作用。

总之，学校要根据党的德育目标要求，高度重视校园文化的建设，探索教学、管理、服务的新途径和新方法，开拓校园文化建设新局面，并将学生党组织的文化建设有机地融入校园文化建设中去，使之潜移默化，有效地凝聚优秀的青年大学生，帮助他们成长成才。

3．提高党员素质，发挥党员模范带头作用

“一个党员就是一面旗帜。”不少学生党员提出“让党旗高高飘扬”，就是要充分发挥党员的示范和带头作用。一是要发挥党员教师的模范带头作用。不言而喻，学校里有一大批优秀教师党员，他们学识渊博，品格高尚，对青年学生具有很大的影响力。二是要发挥优秀学生党员的模范带头作用。如果说，学生入党前要将他们的表现“公示”，接受党员和群众的监督，那么，入党后也要“展示”他们的行为表现，发挥他们的模范带头作用。绝大部分学生党员是品学兼优的同学，对引导广大学生健康成长，起着积极的带头作用，对维护学校稳定、营造校园和谐、促进社会安定方面，起着重要的带头作用。学生党员要充分发挥作用，首先要自身素质过硬，不仅思想上、学习上、工作上要比其他同学表现优秀，生活上也要团结、关心、帮助同学，尤其是要关心经济困难、学习困难、就业困难的学生，具有为同学服务的精神。这样的学生党员在同学中具有很高的威信，也具有很强的影响力，他们的行为本身就是实实在在的“三全育人”。

二、依托团组织，推进高校“三全育人”

共青团是党领导下的先进青年的群众组织，是党的助手和后备军，是开展高校“三全育人”的重要力量。

（一）实现观念创新

大学生团建工作要坚持以人为本，全面、协调、可持续发展的科学发展观，实现学生在马克思主义思想下的个性自由。因此大学生团建工作一方面要加强从严管理，强化教育和监督，另一方面给学生团员提要求、尽义务、压担子，强化对学生团员的约束。在管理中要坚持“以人为本”的思想，尊重学生的民主政治权利，满足学生的合理正当需求，帮助学生实现自我价值，关心学生利益，激发学生的内在动力；既要建立学生教育管

理的长效管理机制，又要通过对学生在学习、工作、职业生涯发展、心理，生活等方面的关心服务制度，建立联络感情、事业激励、心理减压、利益保证的内在动力机制。

（二）加强团组织的思想建设工作

在进行团建理论课学习时，学校一方面要抓好传统的学习方式，比如上党课、举办培训班、举行报告会和组织专题讨论等形式，有计划地组织团员集体学习，积极倡导团员自主学习；另一方面要注意当代大学生学习需求的多样性，采取举行活动的形式，寓教于乐，进行学习。总之建立健全学习的方式方法，建立系统的述学、评学和督学制度，由党组织对团员理论学习情况做出评价，给团员学习做出有益的反馈。

（三）加强作风建设，维护团组织的形象

工作团组织的作风好坏，决定着人心的向背。这是因为团组织的作风问题，说到底是党同人民群众的关系问题。作风的好坏，关系到党和人民群众的密切联系程度。在大学校园内，大学生团员作风建设关系到大学生群体如何看待团组织的工作。强化作风建设途径，促使大学生群体时刻与党团的路线方针政策保持一致，在他们走向工作岗位之时，能够积极为社会主义建设事业做贡献。团组织在大学生群体中的形象，来源于大学生群体对大学生团员甚至预备团员的行为判断。一个政党有没有好的形象是判断政党团在人民群众受不受拥戴与信任的重要指标。在大学生群体中，党团的形象具有重要的“三全育人”强化作用。在学校改革建设中，要发扬马克思主义与时俱进的理论品质，运用广大师生的集体智慧，科学回答关系学校发展的重大社会现实问题。

（四）要加强学习型团支部和服务型团支部的建设

共青团本身就是一个学习型组织。学校要加强学习型团支部建设，对学生党团员进行经常性教育，把社会主义核心价值体系融入团员教育的全过程。针对学生团员的特点，改进和创新支部的工作和活动方式，创新教育活动方式，增强活动的教育效果，使党团组织的教育活动既严肃认真又生动活泼，贴近学生团员的思想、学习和生活实际，为学生营造终身学习的组织环境，使学习成为一种经常化、普遍化和制度化的行为，使团组织成为团员相互学习的课堂。

服务大学生是学校共青团的重要使命。团的性质和职能决定了大学生组织服务大学生的使命。学校共青团要关心大学生的健康成长，要服务于学生的成长成才。学校共青团要重点服务当前大学生最迫切的需求，而当前最突出的地方就是大学生就业。因此，学校共青团要高度重视和配合政府做好大学生就业促进工作，帮助就业困难大学生做好就业工作。把党培养的优秀大学生输送到祖国建设的第一线，为国家经济建设服务，发挥大学生青年的创造力和激情，是服务大学生工作的重要方面，也是圆满完成党的任务的关键一步。

三、依托社团组织，推进高校“三全育人”

高校“三全育人”进社团工作的开展，有以下几个思路和措施。

（一）充分发挥思想政治类社团的主渠道作用

通过社团对大学生进行“三全育人”有两个主渠道：一是通过思想政治方面的理论社团对大学生进行“三全育人”，如马列主义研究会、邓小平思想与“三个代表”理论研究会、科学发展观研究会、中国近代史研究会等。二是通过社会服务和社会实践方面的社团对大学生进行“三全育人”，如各种各样的组织大学生贡献社会的爱心社、支教团队、志愿者协会等。《国家中长期教育改革和发展规划纲要(2010—2020年)》第三部分(体制改革)第十一章（人才培养体制改革）第三十二条（创新人才培养模式）中也提到要“加强学生社团组织指导，鼓励学生积极参与志愿服务和公益事业”。目前，社会服务和社会实践类的“奉献”社团在学校发展很快，而且人数众多。

上述两类社团主要的活动目标就是在大学生中开展思想政治方面的理论研究和实践探索，使大学必修课程“两课”的学习由课内向课外延伸，将理论学习与行为实践密切结合，从而有效提高大学“三全育人”的效果。学校应积极扶持和引导此类社团的建设与发展。

（二）建立健全学生社团管理机制和模式

学校共青团组织负责学生社团的领导和管理工作，按照“一体两翼”的思路，在团校委的直接指导下组建社团联合会，面向全体招收会员；以促进学生专业学习为目的的专业型学生社团，可以依托各院（系部），由院（系部）团委负责指导。

根据学生社团的面向对象，经团校委批准，社团可以跨院（系部）招收成员。社团联合会应该有计划、有组织地组织各类学生社团进行评优活动，以此调动社团健康发展的积极性。社团联合会有权对社团活动、财务管理等工作进行监督检查，要建立评价和激励机制，但为鼓励社团发展的积极性，不宜对学生社团进行过多的干预和束缚。由共青团组织管理和引导学生社团，有利于发挥共青团的组织优势，开展高校“三全育人”工作。

（三）加强学生社团管理，帮助学生学会自我管理

学生社团是由上级党组织授权同级团组织进行管理和具体指导的，学生工作人员参与学生社团的管理和指导是自身的工作任务。学生社团是校园文化的重要组成部分，引领着校园的氛围，做好学生社团的管理工作可以给学生的成长提供肥沃的土壤，可以丰富学生的课余生活，可以帮助学生学会自我管理。因此，学生工作人员要关心学生社团活动，及时地给予指导和帮助。

1．社团成员管理

学生社团一般由兴趣爱好相同的学生组成，其成立初期会员往往较少。社团的骨干一般由社团组建的发起人或者第一批会员担任，或者通过协商达成一致。社团成立之初特别需要指导，学生工作人员可以帮助学生明确该社团的目标、定位、组织、规模、管理等，重点工作是选拔、培养社团的骨干，让他们学会自我管理、自我发展。

随着社团的发展，会员不断增加，社团骨干的选拔要充分发扬民主，结合会员的日常表现、民意测评、答辩展示等进行选拔。选拔社团骨干的时候，学生工作人员可以在选拔流程中进行把关，引入一些科学的方法，例如无领导小组讨论等。学生社团是富有朝气的组织，其骨干一般一年一换，时刻保持青春活力。换届工作是每年工作的重中之重，这也需要学生工作人员特别重视。

社团指导老师在学生社团的发展中起着非常关键的作用，一般担任社团指导老师的是专业老师或团委等学生工作人员，指导老师可以在社团的定位和发展问题上给予指导，可以帮助社团设计精品活动，并对社团工作中存在的不足进行批评指正。学生工作人员要积极申请担任社团指导老师，如果不能担任，也要和社团指导老师做好沟通协调工作。

学生社团要在校园文化阵地中占据一席之地，必须不断补充新鲜的血液。对于会员的管理从纳新开始，社团要对会员有明确的责任和义务要求，

要在纳新之前给学生宣传本社团的精神理念以及精彩活动，让学生对该社团有一个清晰的认识，并且让他们知道加入社团后应该怎样参与其中。学生社团中的会员既是社团工作的对象，又是社团工作的主体，学生社团是以兴趣爱好为基础形成的，因此学生社团也要满足会员对兴趣爱好的诉求，通过开展活动，让会员满意。此外，学生社团的活动又不仅仅是对内的，有时候还需要对外开展一些活动，为校园文化建设做出一定的贡献。学生社团的管理还体现在会员的培养方面，学生工作人员可以积极参与指导学生社团活动的开展，创新活动模式，鼓励会员表现自我、锻炼自我，提高学生社团的生命力。

2．社团制度管理

学生社团中，会员有更多的自由，他们可以选择加入或者退出社团，也可以在社团中选择多参与一些工作或者少参与一些工作。因此，社团制度的管理不可或缺。

学生社团制度管理的第一步就是建立完善的制度体系，根据社团的定位和目标，学生工作人员可以参与帮助社团骨干制定学生社团纳新办法、学生社团日常活动管理办法、学生社团会员管理办法、学生社团骨干换届办法等，即从会员的加入到活动的开展，到评奖评优，到晋升骨干等全过程管理制度体系。制度的科学性、可行性是非常重要的，学生社团制度管理要与学校、学院的实际情况相结合，要与社团的定位相结合，制定科学的奖惩办法，才能够调动社团成员的积极性，促进社团的健康发展。

学生社团制度的执行体现在日常工作的开展过程中。在开展工作时，要紧密结合社团制度，严格按照社团制度的规定执行和操作，对于违反社团制度的会员进行批评，对于表现优异的会员进行奖励。学生工作人员除协助制定社团管理制度外，还需要监督管理制度的执行，随时接受社团内外的意见、建议，不断帮助社团修正、调整社团制度。

3．社团活动管理

社团活动是社团的灵魂，也是社团凝聚力的集中展现。学生社团开展活动可以是经验交流类的，也可以是户外拓展类。社团活动可以分为常规活动和精品活动。社团的常规活动旨在增加会员之间的交流，促进大家兴趣爱好的沟通。常规活动可以一周一次，也可以一个月一次，但是不能间隔时间太长，以免导致社团涣散。社团精品活动是根据社团的特色，发挥社团优势，能够服务社会、校园，获得其他人认可的活动，精品活动在精不在多，打造系列精品活动，并将精品活动延续下来对增强社团的凝聚力有很大帮助。

学生工作人员对学生社团活动的管理体现在活动的审批、指导、监督三个环节中。学生社团开展活动时要在指导老师的指导下书写活动申请表，申请表中需要涉及活动的时间、地点、目的、内容、安全预案，学生工作人员对其可行性和可能存在的问题进行评估，并提出指导意见。在社团活动开展时，学生工作人员要对安全等问题特别重视，并及时监督。

（四）加强对学生社团的扶持，促进社团健康发展

其一，建立高水平的学生社团指导教师队伍。要使社团，尤其是理论研究型社团和专业学习型社团能够健康发展，社团活动的水平和质量能够提高，必须建立一支学生社团教师指导队伍。学校要聘请政治素质高、理论素养和专业素养深厚的教师担任社团指导教师，对社团进行必要的指导。同时，学校也可以邀请社会知名人士和专家指导学生社团。

其二，下大气力培养社团骨干。社团干部在社团活动中能够发挥牵动作用，在学生中也具有天然的“明星级”影响力，从某种程度上来说，一个社团有无发展潜力，很大一部分取决于社团负责人及骨干成员的素质和能力。共青团组织可以通过干部培训班、经验交流会，有意识地组织他们学习，提高他们的政治觉悟，增强他们把握全局、服务大局的意识和能力，明确工作职责，帮助他们克服工作和生活中的困难，为他们开展工作创造条件。引导他们学会营造团结奋进、务实创新的社团内部氛围，增强社团成员的集体荣誉感、责任感和成就感，增强社团的凝聚力和战斗力。

其三，加大对学生社团的投入。要多渠道筹措经费，划拨专项经费支持社团的发展，为学生社团提供必要的活动场地和活动设施，并鼓励学生社团利用社会资金开展社团活动。学校对社团指导教师的工作应进行考核评定，对优秀的社团指导老师要予以表彰和奖励，提高社团指导教师的工作积极性。

四、依托班级、学生会组织，推动高校“三全育人”

（一）加强班级建设，推动“三全育人”环境建设

大学生在校学习、生活，离不开班级。班级是学校根据教育、管理的需要而组建起来的基本组织形式，是大学生自我教育、自我管理、自我服务的主要组织载体。因此，加强班级班风和学风建设，发挥班集在高校“三

全育人”中的作用，十分重要。

班集建设，主要是班风和学风建设。多年来，学校坚持优良学风创建活动，做了大量探索工作，积累了丰富经验。一批批先进班级不断涌现。这些先进班集体，通常具有一些共同特征：有一个团结、进取、奉献的班委，制订明确的班级工作目标，形成特色的班级活动，树立班级形象，建设优良学风；以思想交流为基础，用相互关心、相互帮助来凝聚同学，共同成长。做好班级、学生会组织建设中的“三全育人”要掌握以下要点：

1．确立班级共同目标

班级共同目标反映了全班同学共同的期望和追求，是激励全班同学前进的方向与动力。班干部应根据学校和学院（系）的培养目标与要求，根据广大同学的需要，制订分阶段、有特色的具体发展计划，形成共同目标，并将这些目标分解、细化，逐步实施。如学习优秀率、考试通过率、就业率、管理合格率，以及在各种竞赛、文娱活动等方面成绩，等等，都可以制订比较详细的具体目标，并提出实现目标的措施，以共同目标凝聚全班同学，相互促进。

2．加强班级制度建设

建立健全班级制度，是实现共同目标的保障，也是实现班集体自我管理、自我约束的途径。班级制度是根据学校有关制度在班级的具体化，主要有：班干部工作制度、班干部换届选举制度、主题班会制度、学习制度、卫生制度、班费使用制度、评选先进制度、奖学金评定制度、助学金评定制度等等。事实表明，将涉及全班同学利益的事情，通过民主讨论后形成一定规范，以制度作为班级成员共同的行为准则，可以有效地促进班级同学从他律走向自律，达到自我教育的良好效果。

3．发挥班干部带头作用

班干部是班级的核心，在建设良好班风中具有重要作用。选出一个真正愿意为同学服务的班干部群体，既要愿意为同学们服务，又要有能力为同学们服务，还要具有一定的号召力与影响力，这就要求大力发扬民主，将那些学习成绩好、思想素质高、作风正派的同学选出来，担任班干部尤其是班长、团支部书记等职务。优秀的班集都是由优秀的班干部带出来的。

4．发挥活动导向作用

学生活动是进行高校“三全育人”的重要载体，班级活动是学生活动的主要形式，是培养学生思想政治素质尤其是培养集体主义精神的有效途径。最普遍且最有成效的班级活动方式有：学习竞赛、文体竞赛、主题班会、社会调查、外出参观、班级形象设计大赛，等等。班集体应在确定活动主题、制订活动计划、采取活动形式等环节上下功夫，及时捕捉学生心理反应，切实解决学生思想和实际问题，广泛地团结同学、组织同学、教育同学，加强导向性，增强针对性，提高实效性。

（二）加强学生会建设，推动思想政治实践教育

学校的学生会是在学校党的领导下、团组织指导下，大学生自我教育、自我管理、自我服务的群众性组织，也是推动高校“三全育人”的依靠力量。由于学生会与学生有着广泛的天然的联系，学生会直接代表学生利益，是学校和学生沟通的桥梁和管道，因此学生会对广大学生具有较大的影响。选拔、建设一支思想素质高、服务态度好、工作作风正、领导能力强的学生会干部队伍，就能有效组织学生的各种活动，推进高校“三全育人”。为此，学校学生会应该自觉接受党的领导和团的指导，坚持从学生中来、到学生中去、为学生服务的优良传统，团结广大同学，倾听同学呼声，反映学生诉求，代表同学利益，真正做到贴近实际、贴近生活、贴近学生。不少学校学生会在实际工作中总结出了“三个一”的工作经验：一体（学生会的工作与学校工作融为“一体”，争取学校大力支持）、一线（学生会要上学生活动的第一线）、一流（学生会工作要不断创新勇于开拓，争创一流水平）。这是学生会开展工作、推动“三全育人”的有效经验。

第二节　依靠辅导员开展“三全育人”

辅导员是学生思想政治工作的骨干力量，专职从事学生思想教育和行为管理工作，是教师队伍的重要组成部分，是每位大学生大学期间思想、学习和生活的导师，承担着帮助学生成长、成才、成功的重大责任。新的形势对辅导员的定位提出了新的要求，辅导员队伍改革和完善变得更加必要。

一、辅导员的任务和职责

辅导员的基本任务是按照党的教育方针用马克思主义、毛泽东思想、中国特色社会主义理论体系教育大学生，把本系、班培养成为积极向上、勤奋学习、热爱劳动、团结友爱的坚强集体，全面关心学生在德智体诸方面的发展。

具体说，辅导员的思想政治工作职责如下：

（1）以马克思主义的世界观和方法论教育学生，使他们提高正确认识问题、处理问题的能力，激励他们热爱国家，树立为社会主义现代化建设献身的远大理想。

（2）对学生进行先进思想道德教育，通过各种活动和班级管理，使学生增强集体主义观念，培养高尚的革命情操，养成良好的文明道德习惯。

（3）教育学生为实现社会主义现代化努力学习，培养学生顽强的学习精神和积极进取、刻苦钻研的学习态度，养成浓厚的学习兴趣和强烈的求知欲望，指导学生改进学习方法，帮助学生努力完成学习任务。

（4）组织学生参加劳动，进行劳动教育，教育学生遵守劳动纪律，培养劳动观念和尊重、热爱劳动人民的思想感情，端正劳动态度，养成劳动习惯和艰苦朴素的美德，爱护劳动成果。

（5）关心学生生活，了解学生生活方面的问题、意见和要求，及时向学校有关部门反映，并协作做好辅助性工作。指导学生课外活动，与有关部门和人员积极配合，开展有意义的课外校外活动，使学生在丰富多彩的活动中健康成长。

为了完成以上职责，辅导员必须不断地提高自己的思想政治觉悟、业务水平和工作能力，加强自身的思想品德修养、文化修养和教育理论的修养，对系、班级工作有热情和高度的政治责任感，实事求是，以身作则，热爱学生，具有较高的威信，掌握正确的教育方法，这是做好辅导员工作的根本保证。同时，高等学校领导也要重视辅导员的选派工作。要选派那些忠诚于党的教育事业，思想政治觉悟高，道德品质好，热爱学生，能认真执行党的教育方针，思想工作能力强，教学经验丰富的教师担任辅导员工作，以充分发挥辅导员在培养德、智、体全面发展的新人中的重要作用。

二、辅导员在高校“三全育人”中的基本定位

辅导员是高校“三全育人”的实践者和操作者，在高校“三全育人”中有着特殊的地位和作用。

（一）辅导员是大学生日常“三全育人”的实施者和承担者

日常“三全育人”是高校“三全育人”的主阵地，辅导员始终在这个主阵地上坚守岗位，发挥作用。辅导员通过召集学生开会、组织开展学生活动，贯彻学校党委的布置，关心学生的日常学习、生活、心理健康、情感、就业等，深入学生学习、生活各个方面，扎根于学生之中。辅导员正是通过各种各样的方式、随时随地对大学生进行“三全育人”，不断引导大学生树立正确的世界观、人生观、价值观，形成良好的校风、班风、学风，促进学生的全面发展。从这个意义上讲，相比学校其他人员，辅导员与学生的接触更多、更广、更深入，也更基层。

（二）辅导员是高校“三全育人”的桥梁和纽带

在高校“三全育人”工作系统中，辅导员是上下沟通联系的桥梁和纽带，发挥着重要的协调作用。辅导员要落实党委的部署，把管理的规章制度贯彻到学生工作中，把全局工作的安排和上级领导的要求落实到年级、班级、党团小组、学生园区、学生寝室、社团中，把党和政府、学校对大学生的希望、关心、温暖传送到学生中。同时，辅导员要及时把握学生的思想状况，为学校“三全育人”工作和人才培养工作决策提供准确的参考信息。辅导员通过主动了解学生学习、生活等方面的困难、意见和要求，向院系和学校积极提出建设性意见；通过研究总结“三全育人”在基层落实开展的新鲜经验和先进典型，对全校产生示范作用。通过这种上下沟通联系的中介作用，辅导员影响着高校“三全育人”的全局。

（三）辅导员是营造健康校园环境的主要力量

校园文化是校园环境建设的重要内容，健康向上的校园文化具有重要的育人功能。辅导员不仅可以通过开展丰富多彩、积极向上的学术、科技、体育、艺术和娱乐活动，把德育与智育、体育、美育有机结合起来，寓教育于文化活动之中，而且还可以通过结合传统节庆日、重大事件和开学典礼、毕业典礼等开展特色鲜明、吸引力强的主题教育活动，抵制各种有害文化和腐朽生活方式对大学生的侵蚀和影响，形成体现社会主义特点、时代特征和学校特色的校园文化，形成优良的校风、教风和学风。此外，班级是学校管理的基础单位，也是校园环境的重要组成部分。辅导员作为班级学生的教育者和组织者，对班级的学生工作全面负责，对班集体的发展、良好的班风、学风形成起主导作用。学生的思想情况、学校各项工作的落实，班级的日常管理等都是由辅导员完成的，辅导员在营造良好的校园环境中具有无可替代的作用。

三、当前辅导员队伍存在的主要问题

（一）职业化水平有待提高

辅导员工作的职业化是以大学生辅导员引导大学生发展，在高等教育中具有相对独立的地位、专门设置的机构、职业化的工作岗位等为标志的。我国大学生辅导员队伍建设虽然取得重大的进步，但是还没有形成职业化的工作岗位和职业化的管理制度，大学生辅导员并未被当作真正的职业来对待。多年来，大学生辅导员队伍建设尽管投入了很大精力，但大学生辅导员队伍缺乏核心竞争力，不能适应新形势下高校“三全育人”的需要。

（二）专业化发展缓慢

从大学生辅导员队伍的整体状况来看，大学生辅导员在工作中表现出知识结构不合理，理论素养有待提高等现实问题。大学生在成长中所遇到的思想困惑、心理障碍、人际交往、专业学习、发展方向、职业选择等诸多问题需要得到社会兼职教师的正确引导，这要求大学生辅导员应具备较强的教育学、管理学、心理学、历史学、职业咨询等方面的专业知识和实践能力。

（三）队伍流动性过快

辅导员队伍的稳定性对于学校“三全育人”来说十分重要，直接涉及培养效果。但由于没有对大学生辅导员培训的系统设计，很多大学生辅导员缺乏职业认同感，呈现出流动过快，不能真正履行其职责的现象，从而影响学校“三全育人”的实际效果。长期以来我国辅导员队伍建设缺乏重视，没有明晰队伍建设思路，社会兼职教师队伍建设过程中许多深层次问题没有得到有效的解决。我国学校离真正解决辅导员队伍流动性问题，还有一定距离。

四、推进大学生辅导员队伍建设的主要意义

（一）实现辅导员队伍的职业化、专业化

辅导员的工作逐渐得到社会认可，在大学生发展过程中的作用也日益突出，但是辅导员队伍之中还存在一些严重问题。这些问题对辅导员

队伍发展起到了一定阻碍作用，而造成这些问题的原因就是辅导员未实现职业化。因此，“职业化”建设便成为当前辅导员建设的中心话题。职业化建设应从科学规划其职业生涯，设立从业标准和职业规范开始。辅导员队伍职业化建设是时代的必然要求，应成为辅导员队伍建设的根本目标。

随着社会的发展，大学生生活方式、思维方式、交往方式和价值观念都在发生重大变化，大学生辅导员不得不面临多重问题。新变化给大学生辅导员带来了新挑战，也给学校“三全育人”提出了更高的专业性要求。从辅导员自身来看，辅导员必须不断提高素质，加强修养，坚定信念，培养专业化的素质能力；从学校建设而言，学校必须加强辅导员队伍建设，完善工作制度，提高辅导员专业技能和工作的专业化水平。

（二）帮助大学生更好地融入社会

一般来说，大学生了解社会的渠道主要是网络、媒体、周围人群和自身切身体验。这些渠道在不同程度上都有一些弊病。网络和媒体虽然携载了大量的信息，有助于大学生全面了解社会。但是，不可否认网络和媒体的信息并非专门针对大学生的，其信息不成体系，过于复杂，而且存在大量的虚假信息。在网络上，经常可以看到的是一些虚假信息、涉黄信息，这些都对大学生的健康成长危害极大。在媒体上，由于记者针对的群体主要是社会大众，为了提高新闻的搜索率或收视率，他们采用的传媒手段往往忽视了一些最为基本的信息，使得大学生对此了解得不够全面，容易造成偏听偏信的情况，这也对大学生的健康成长十分不利。而周围人群和大学生的切身体验，虽然能够给大学生带来最为直接地影响，但是首先从量上讲这样的影响毕竟太小，其次同样会有媒体和网络的误区。

而辅导员队伍建设则能够有效克服以上种种渠道的缺陷，给大学生一个全面的宏观的社会图景。首先，辅导员群体通常有一些社会经历，能够正确分辨一些社会现象，给大学生呈现一些经过筛选的重要信息。其次，辅导员通常也是刚刚从大学时代走过来的，他们了解大学生的心理困扰，知道大学生需要什么，通过有目的的筛选，能够为大学生铺就一条完美毕业的道路。再次，辅导员能够代表学校同社会精英联系，把社会精英的奋斗经历最真实地展现在大学生面前，对大学生进行励志教育。最后，愿意成为或者能够成为辅导员往往都是关爱大学生的，他们怀着一份对大学教育事业的虔敬之心，会为大学生的健康发展贡献自己的一分力量。

（三）促进学校的健康发展

学校改革发展必须有一个稳定发展的环境。近年来随着学校扩招，我国高等教育事业迈入大众化发展阶段，以往的精英式教育方式不再合适，必须要从过去的“象牙塔”走向开放性学校。在这个过程中，专职辅导员起着一个重要的作用。一方面专职辅导员能够把大学生归拢到一起，以一个集体的身份面对整个社会，使大学生能够从多个角度观察社会；另一方面专职辅导员把社会上的信息有序的引入到学校中，这个顺序是大学生对社会的认知顺序，从而使大学生平静地正视社会现象。

建设辅导员队伍，对整个学校的建设工作具有很好的支撑作用。第一，辅导员是学校建设的一项重要人力资源，对学校的稳定发展起到推动作用。第二，辅导员是引导大学生发展，形成优秀校园文化的一支重要力量。大学生辅导员是校园文化的积极建设者，通过他们的工作，能够积极鼓励来自学生群体中的优秀文化健康成长，推动校园文化的发展。

五、推进辅导员队伍建设的总体思路

在综合分析辅导员队伍建设的理论依据和的前提下，结合新时期“三全育人”的新情况，本部分将着力研究辅导员队伍发展思路和发展路径，将辅导员队伍发展与其他学生工作的开展统一起来，努力推进辅导员队伍的可持续发展。

（一）全面构建辅导员队伍制度体系

辅导员队伍是学校教师队伍的重要组成部分，应根据队伍自身特点和实际做出恰当、科学的制度安排，推动辅导员队伍持续、健康发展。为确保政策设计的系统性与整体性，要坚持科学发展观的指导，全面构建辅导员队伍的制度体系。要按照“高进、明责、严管、精育、优出”的原则，在职能定位、配置模式、队伍结构、职务待遇安排、管理考评等方面都要精心设计、科学安排，力求在制度创新中体现辅导员发展的活力。

（1）在整体性的制度设计中，要体现促进辅导员科学化发展的思路，按照辅导员的职责和定位，在选聘、任用、管理、教育、培养和发展等各个方面，切实采取有效措施，优化辅导员结构，强化政治属性和教育功能，科学构建辅导员队伍建设的制度性框架。

（2）在系统性的机制探索中，要体现统筹兼顾的原则，增强机制改革创新的勇气和毅力，兼顾现实条件和各方需求，着眼于可持续发展的前瞻性思考，建立健全辅导员队伍组织机制、培养机制、管理机制、考核机制和激励机制等，逐步建立健全辅导员队伍组织体系、管理体系和培养体系，进而通过采取有力措施，有效调动广大辅导员的积极性，切实为深入推动大学生辅导员队伍建设提供坚强的制度保证。

（3）在全面规划中，要秉承以人为本的理念，着眼于促进辅导员全面发展的目标，激发辅导员主体意识，征求辅导员发展需求和建议，增进思想沟通和达成情感共鸣，研究辅导员队伍分阶段、分层培养的可行性方案，以进一步促进辅导员科学发展。

（二）系统构建辅导员队伍培养体系

辅导员是高等学校教师队伍和管理队伍的重要组成部分，具有教师和干部的双重身份。要把辅导员队伍建设作为教师队伍和管理队伍建设的重要内容，分析当前辅导员的素质，着眼于辅导员德才兼备的综合素质能力提升的目标，系统构建辅导员队伍培养体系，优化开发辅导员人力资源，满足辅导员培养的多元需求，重点在以下两个方面体现培养内涵的科学性和专业性。

（1）系统研究培训内容，要积极构建辅导员培训体系，重点加强培训内容的针对性、培训设计的系统性和培训方式的吸引力，着力提升辅导员专题培训的质量。其一，在德育内涵的专题培训中，重点要结合大学生关注的理论问题和现实问题，组织开展生涯规划教育、实践教育和创新教育体系的专题培训，提升辅导员解疑释惑的育人能力；其二，在德育工作方式方法的培训中，要重点结合案例，梳理辅导员工作有效方法，并结合案例分析提升思政教育针对性和有效性的创新路径；其三，在学生事务管理培训中，要针对大学生特点、结合大学生成长困惑和成长问题，加强心理咨询和生涯发展的专业培养，帮助辅导员掌握心理沟通方法、团队训练方法和激励管理方法，把握释疑解惑和疏导情绪的工作艺术，探讨在事务管理中将解决学生实际困难与解决学生思想困惑结合起来的方式方法，促进辅导员由事务型转向专业化、职业化发展，成为大学生健康成长的指导者和引路人。

（2）依托马克思主义学科建设，要积极构建辅导员工作的研究机制，着力提升辅导员的育人能力。针对创新人才培养的需求，要组织开展辅导员德育创新专项课题研究，其一，帮助辅导员掌握学生思想动态的研究方法，深入研究大学生群体特点与高校“三全育人”工作方式的创新；其二，深入研究日常“三全育人”工作的规律，引导辅导员思考如何在日常“三全育人”、主题教育、事务管理、心理健康教育和创新实践工作中体现育人内涵，研究促进大中小学德育衔接的内涵体系，努力提升辅导员的理论研究能力、案例分析能力、写作调研能力和语言表达能力。

（三）科学构建辅导员队伍的发展体系

新时期，分析辅导员发展状况，针对辅导员能力提升的要求与个性发展的需求，需要推动辅导员多样化发展。但是，在实践中，遇到了有关人事制度、人才培养体制机制、资源等“瓶颈”。借鉴相关人力资源开放的经验，我们形成了破解辅导员多样化发展“瓶颈”的思路。一方面，通过开放、创新培养机制，促进辅导员多样化发展。要尝试以构建人力资源配置机制为突破口，突破队伍建设的资源“瓶颈”，获取资源整合与协同合作的机会；探索建立辅导员与校内专业教师、党政管理干部的交流机制，把辅导员队伍作为学校青年后备干部、党政管理干部、学科专业骨干培养的重要来源。另一方面，通过试点，创新培养平台，促进辅导员优出。探索拔尖人才的培养路径，试点开展辅导员拔尖人才培养的试点，及时总结培养经验，探索辅导员优出机制，不断在动态中优化辅导员结构。探索建立专职辅导员与社会岗位之间的双向交流机制，为辅导员提供到党政机关、企事业单位、社会团体挂职锻炼和学习考察的土壤和机会，为辅导员队伍搭建社会专门人才交流的通道，积极探索辅导员多样化发展的可行路径。

（四）加强辅导员与其他学生工作队伍的协调配合

1. 辅导员队伍与班主任队伍的协调配合

（1）在工作体制机制上协调一致。辅导员队伍和班主任队伍是基层学生工作最为重要的两支力量，辅导员和班主任面向一个个学生，与学生集体并肩工作，共担责任，合作关系最为紧密，学校必须建立健全协调一致的工作体制和机制。在领导体制上，校系两级的学生工作领导机构要把辅导员工作和班主任工作并列地纳入领导管理的职责范围，把辅导员队伍和班主任队伍的协调配合问题摆上议事日程。在管理制度上，要规定班主任的工作职责，做到班主任与辅导员分工有章可循、配合有据可依。学校应当制定辅导员、班主任具体职责和分工配合的制度，要求辅导员与班主任在学生工作中紧密配合。

（2）在学风建设工作中形成合力。良好的学风环境是大学生健康成长的重要保证，开展学风建设是学校学生工作的核心内容之一，也是社会主义核心价值观的体现。班主任与辅导员要在加强学风建设工作中发挥主导作用，把学风建设作为开展思想教育、建设先进集体的主要落脚点之一。

首先，要加强教育引导。班主任要深入关注全班学生的学习目标、专业思想、学习动力以及学习方法等方面的问题。班主任与辅导员一方面可以通过学风建设主题班会、专业参观调研、学习研究方法交流等方式开展普遍性工作，另一方面要抓住选课指导、听课检查、考前动员和考后总结等环节开展有针对性的工作。

其次，要严格管理。班主任要在各个教学环节上进行严格的管理，培养学生正确的学习观念，端正的学习态度和良好的学习纪律。辅导员在工作中同样要遵循教育与管理相结合的重要原则，通过德育测评、各项评优争先活动等工作，明确建设优良学风的导向，促进学生知行一致、诚实守信。

（3）建立共享协作的工作信息平台。学校班主任队伍与辅导员队伍协调配合的工作基础，在于学生工作信息资源的共建、共享。辅导员工作自上而下的信息内容通常是党的政策、方针、路线，思想政治宣传教育理论，社会思潮与重大事件，形势政策与时事热点等方面；自下而上的信息内容侧重在党团组织生活、班集体干部队伍建设、日常的“三全育人”活动等途径获得的学生思想、学习以及生活方面的状况。班主任工作自上而下的信息内容主要包括学校的教育教学改革与发展，课程教务管理、学科建设与发展、学生全面素质的培养，学生生产实习、就业引导等方面；自下而上的信息内容侧重在学生的学习状况、家庭状况等方面。

在工作中，班主任和辅导员要主动了解和认识学生，加强对学生生活、学习及其他各方面的信息收集，并将两方面了解到的情况汇总，掌握学生的全面信息，建立统一的班级学生信息文档，并且动态完善，不因人员变动而中断。定期举行班主任、辅导员工作交流，共享信息资源。依据统一、完善的学生信息文档，班主任、辅导员对学生的实际情况进行真实、全面、可靠的评价，对学生的发展提供全方位的指导和帮助。个别学生出现的心理问题不仅仅是学习或者生活中某一个方面产生的，往往是学生的学习问题、人际交往问题、思想观念以及生活压力等综合因素造成的结果。针对这类问题，班主任与辅导员必须全面掌握和分析，做到共同研究，共同采取工作，以便全面协调解决学生遇到的问题。

2．辅导员与思想政治理论课教师的协调配合

辅导员队伍协助配合理论课教师开展高校“三全育人”是思想政治理论课程教学的首要环节。辅导员既是学生课外教育活动的组织者，又要做思想政治理论课程教学的“参谋”和特殊的“课代表”。辅导员要深入认识思想政治理论课的“三全育人”主渠道作用，即使不兼任思想政治理论课的教学任务，也要熟悉学校思想政治理论课新方案的教学大纲和内容体系，对学生党员和干部提出明确要求，配合理论课教师维护好课堂纪律、维护好教学秩序。

思想政治理论课教师要深入认识日常“三全育人”对于课程教学的支持、配合作用，要了解本课堂学生所在院系的学科背景，以及学生所在班级、年级的情况；要熟悉带班辅导员，熟悉学生干部，与他们保持沟通和联系；要在课堂教学过程中积极引入课外教育资源，生动地联系学生的思想实际，提高课堂教授的吸引力，增强课程教学的实效性。辅导员协调活动，主要从以下几个方面着手。

（1）做好重要理论学习和专题讨论。辅导员在组织过程中邀请思想政治理论课教师参加，可以极大地提高理论学习的效果，帮助学生党员获得更大的思想理论提升。思想政治理论课教师也通过参与活动，更多更深入地了解学生的思想实际状况，把握社会思潮对学生的影响状况，提高自身的研究和教学水平。

（2）建设好学生理论社团。辅导员在加强社团组织建设、充分发挥学生自我教育主动性的同时，要主动联系和邀请思想政治理论课教师、学术理论专家担任学生理论社团的指导教师，把握学生理论学习与实践的方向，培养学生学习研究理论问题的方法，提升学生的思想理论水平。思想政治理论课教师注重加强对于学生理论学习社团的指导，分层次、有重点地培养一批学生骨干，学习和掌握马克思主义理论，这对全体学生的思想政治理论水平的提高能够起到良好的带动作用。

（3）要注重社会实践。辅导员和思想政治理论课教师通过协调配合，从实践主题的设计、方案的制定、活动的组织开展、学习收获的总结提高等各个环节周密计划，合作指导，可以帮助大学生通过实践体验、理论学习、总结讨论等过程实现感性认识到理论认识的升华，在实践锻炼和理论学习的结合过程中提高思想政治觉悟和理论水平。

第三节　结合日常管理开展“三全育人”

高校“三全育人”离不开日常管理，教育与管理应相结合。既要坚持管理育人，把“三全育人”与大学生日常的学习生活管理结合起来，用学校的规章制度和管理规范来引导、约束学生的行为；又要把学校的思想政治工作制度化，使“三全育人”得到制度的规范、保障和支持。

一、大学生日常管理的主要内容

（一）行政管理

行政管理是指对学生带有综合性的管理工作，内容包括学生行政管理工作的各项条例、计划、规章制度及其施行，也包括招生计划的实施、学生注册、编班、学生助学金、奖学金制度及学生的评比、奖惩条例的实施以及毕业、就业教育方案的实施等学生行政管理工作。其中值得特别重视的是评比制度、表彰制度及其实施。学生管理的实质在于调动大学生的积极性。大学生积极性的调动和充分发挥，有四个方面的要求：一是主动，以主人翁的姿态对待学习，自觉承担学习任务；二是合作，以同志式的态度处理师生之间、同学之间关系，在学习过程中教学相长，互相帮助；三是有效，以求实唯真的精神对待学习，竭尽全力完成学习任务，按时保质保量完成规定的要求；四是创造，有强烈的进取心，以创造精神指导自己的学习，不断探索学习规律，学习方法上有创新。

（二）生活管理

生活管理是指高等学校对学生集体和个人的生活管理工作，主要包括伙食管理、宿舍管理、公物管理、服务设施设备管理、环境卫生管理等等。搞好生活管理，既可以建立良好的高等学校生活秩序，解除学生生活上的后顾之忧，使他们一心一意扑在学习上，又可以使学生心中感到组织的温暖，校园生活的充实和丰富，帮助学生树立正确的人生观和集体主义精神，培养为人民服务的思想和热爱劳动、艰苦朴素、一心为公的好作风，养成自觉遵守公共生活准则和校规校纪的良好生活习惯。同时，做好生活管理工作，将校园环境管理得有条不紊，整洁优美，也有助于学生美好道德情操的熏陶。

（三）教学管理

教学管理是指全部教学过程中的各种管理工作，包括教学计划管理、课堂教学管理、教学质量管理、实验室管理、阅览室管理、学籍管理与考勤、考试和成绩管理制度、生产实习和毕业实践管理制度等。教学管理不仅是贯彻党的教育方针，保证教学秩序，培养合格人才的必要条件，也是在教学过程和各个教学环节中对学生进行思想教育的有效手段。

（四）特殊工作管理

特殊工作主要是针对一些“特殊”学生而言，比如，一些经济贫困学生、学习成绩差的学生、受情感困扰的学生、违纪学生、心理问题学生、就业困难学生等，或者针对一些突发的偶然事件。当然，个别工作也包括一些优秀学生的骄傲自满问题，以及一些先进学生的进一步引导帮助问题等。做好个别工作，既有利于全局的稳定与顺利发展，也有利于工作深化、突破，积累经验，推动全局发展。因而，要把一般教育与个别教育结合起来。

二、大学生日常管理主要思路

（一）注重解决大学生实际问题，关心学生发展

大学生有许多实际问题。比如，一些家庭贫困的学生存在着经济问题，有些学生学习基础差存在着学业困难，有的学生存在着适应环境方面的困难，有的学生与同学之间人际关系紧张或个人情感出现问题，有的学生在就业时存在困难，还有学生存在心理障碍等。这些都是大学生存在的实际问题。“三全育人”一定要将大学生的思想问题与实际问题结合起来解决，只有这样，才能满足学生需要，把教育做到实处。

1．注重解决实际问题的原因

之所以要把解决思想问题与解决实际问题结合起来，是因为：

（1）大学生的许多思想问题往往来自实际问题。学生的实际问题没有解决好，容易转变成为思想问题。比如，一些学校的饮食不卫生、饭菜质量差，住宿条件不好，体育设施老化且严重不足，图书资料缺乏，校园周

边环境差，等等，都容易引起学生思想上有想法，情绪上有牢骚，滋生对学校和社会的不满，从而转化为思想问题。

（2）解决实际问题，能为解决思想问题提供条件。事实是具有说服力的。随着实际问题的解决，学生面对实实在在的客观事实，心情就会变得舒畅，态度就可能转变，对教育者的意见和建议就更容易接受。这样，教育者就有亲和力和说服力，被教育者就有接受力和承受力，学生的种种思想问题也就容易迎刃而解。

（3）解决思想问题，最终目的还是要解决实际问题。脱离实际问题而谈思想问题，往往陷于空谈，学生不但难以接受，反而会产生反感情绪，使得学生与教育者拉开距离，增大隔膜，甚至有损“三全育人”形象。

2．注意事项

我们在解决学生的实际问题时，也不要只限于解决一两个具体问题，以解决问题而替代思想教育，更不能为了讨好学生一味地迎合学生需要，甚至置原则而不顾，回避教育。有时对于一些严重的思想问题，是需要耐心细致地进行思想教育的，是需要严肃批评的，否则，错误思想无法克服，错误行为无法制止。比如，对于一些贫困大学生，我们需要给予经济上的资助，解决他们的实际困难。目前学校设立许多勤工俭学岗位，正是解决这些实际问题的举措。但是，极少数贫困生为了能够获得更多的劳动报酬，有时采取弄虚作假的手法，多报工作时间，骗取勤工俭学费用；还有一些贫困生获得别人的资助后，不是用在学习和必要的生活上，而是购买奢侈品，对捐赠人没有丝毫感激之情。面对这些错误行为，就不能采取姑息的态度。

总之，要把解决实际问题与思想教育结合起来，解决实际问题既是做好思想教育的目的，也是做好思想教育的途径；解决思想问题，为解决实际问题奠定思想基础，并实现对现实认识水平的超越。如果只限于解决实际问题，而没有解决思想问题，类似的问题还会出现，小的思想问题可能还会累积成为大的思想问题。

（二）遵循客观规律，区别群体教育与个别教育

“三全育人”与日常管理的结合要遵循客观规律，既要面向全体学生，准确把握普遍性的问题，做好群体思想工作，又要注意处理好一些个别的、特殊的、突发的思想问题或学生事件，做到点面结合。只有这样，才能将学生“三全育人”做得既深入，又全面，既有面的带动，又有点的突破。

个别工作针对的主要是“特殊”学生，比如，一些经济贫困学生、学习成绩差的学生、受情感困扰的学生、违纪学生、心理问题学生、就业困难学生等，或者针对一些突发的偶然事件。当然，个别工作也包括一些优秀学生的骄傲自满问题，以及一些先进学生的进一步引导帮助问题等。做好个别工作，既有利于全局的稳定与顺利发展，也有利于工作深化、突破，积累经验，推动全局发展。因而，要把一般教育与个别教育结合起来。

做个别工作的原则有以下四点：第一，要以人为本，从关心、爱护的前提出发，真心帮助同学，设身处地为同学着想，实实在在地解决他们的实际问题，耐心细致地解决他们的思想问题。不要歧视他们，也不要刺激他们，既要严格要求，又要讲究方法，尊重学生人格，平等对待每位学生。第二，要因地制宜，因人而异，根据实际情况，采取切实有效的教育方法和帮助手段，增强针对性，提高实效性。既然是个别工作，那么就需要用个别工作方法，如个别谈心、讨论、咨询等。第三，要注意保护学生隐私。为了做好个别工作，辅导员需要同学生进行深入的思想交流和心灵对话，此时学生可能将自己的内心深处的真实思想、内在观念甚至个人隐私信息都全部倾吐出来，老师应该为学生保守秘密，尊重学生隐私。第四，要注意个别指导与一般号召相结合。按照学生需要共同遵循的准则，提出教育与管理要求是必要的。同时要加强个别辅导，做好个别工作，不仅有利于满足不同学生的特殊需要，而且对其他学生也具有启示、警示作用。

（三）将“三全育人”融入大学生日常的各个环节

1. 将“三全育人”融入大学生行政管理

行政管理是指对学生带有综合性的管理工作，其内容包括学生行政管理工作的各项条例、计划、规章制度及其施行，也包括招生计划的实施、学生注册、编班、学生助学金、奖学金制度及学生的评比、奖惩条例的实施以及毕业、就业教育方案的实施等学生行政管理工作。其中特别值得重视的是评比制度、表彰制度及其实施。学生管理的实质在于调动大学生的积极性。大学生积极性的调动和充分发挥，有四个方面的要求：一是主动，以主人翁的姿态对待学习，自觉承担学习任务；二是合作，以同志式的态度处理师生之间、同学之间关系，在学习过程中教学相长，互相帮助；三是有效，以求实唯真的精神对待学习，竭尽全力完成学习任务，按时保质保量完成规定的要求；四是创造，有强烈的进取心，以创造精神指导自己的学习，不断探索学习规律，学习方法上有创新。要达到以上四个方面的要求，最有效的管理手段就是依靠评比和奖惩。

评比是行政管理工作中常用的工作方法，也是一种行之有效的思想教育手段，是管理与教育有机结合的好形式，可以运用于学生管理工作的各个方面。例如三好学生、优秀学生干部、优秀毕业生、文明宿舍、文明教室等评比工作，都有重要的教育作用，会收到激励先进、鞭策后进、带动中间、共同进步的效果。因为评比有标准，而标准就是一种导向，管理者可以把“三全育人”的内容和目标融合到评比标准中，学生在追求这些目标的过程中，思想道德素养自然就得到了提高；而且标准的制定可以发动学生参与，这种民主的形式对学生也是一种教育。奖惩是根据学生表现优劣而进行奖励或者惩罚的一种管理制度和方法，也是一种重要的教育手段。奖惩运用得当，可以督促学生按照正确标准加强自我修养，培养良好习惯，起到鼓励先进、抵制不良倾向的作用，如对德智体诸方面全面发展的优秀学生给予表彰和奖励，对违反校规的学生给予必要的批评教育和纪律处分，可以在学校树立向上的正气，给学生的进步造成有利的氛围。

在进行奖惩时要注意处理好几个关系：

（1）奖与惩的关系。要奖惩结合，以奖励为主，处罚为辅。奖惩的实质是对正确行为的肯定，对错误行为的否定，即奖功罚过。奖功罚过是对正确行为的“正强化”和对错误行为的“负强化”，使正确行为得到肯定，巩固和保持；错误行为得到否定，减弱和消退。只有把奖惩结合起来才能树正气，去歪风，典型示范，引导向上。实行奖惩要以奖励为主，因为恰当的奖励比批评和处分更能激发学生的情绪和上进心，而且副作用也比较少，能够较好的起到指点方向、引导向上的作用。

（2）说服教育和批评教育、纪律处分等行政措施的关系。提高学生的思想觉悟，调动他们学习的积极性，主要是靠说服教育；纠正学生的错误思想，克服其不良行为，也要靠说服教育。解决问题要摆事实，讲道理，不以势压人而以理服人。但对学生的管理和教育，也不能离开批评教育和纪律处分等行政措施，二者是相互补充，相辅相成的。在学生集体中，学习要有制度，活动要有规定，生活要有章法。对践踏制度，违反规定，无视章法的错误行为不进行批评制止以至于给予必要的纪律处分，就是对遵纪守章行为的变相否定，就会起到抑善扬恶的作用。因此要以说服教育为基础，说服教育的同时施以必要的行政措施，这样才能增强说服教育的有效性。

（3）精神奖励和物质奖励的关系。在对大学生正确行为进行奖励时要注意满足学生精神方面和物质方面的要求，进行精神和物质奖励，使二者相结合，并以精神奖励为主。人是需要精神鼓励的，大学生更是如此。精神鼓励独特的激励作用可以弥补物质条件方面的不足和缺陷，产生巨大的精神动力，促使学生不断进步。像口头和书面表扬，颁发奖状和纪念品，评选先进和荣誉称号，吸收符合条件者参加党团组织等，都能起到精神奖励的作用。在强调精神奖励的同时，也要重视物质奖励，改善学生的学习和生活条件，例如把评“三好”与奖学金联系起来，奖励全面发展的优秀学生。又如，根据实际情况有效地使用奖学金、助学金，在保证学生基本学习和生活需要的前提下扩大奖励项目和奖励范围。再如，对在某一方面做出突出贡献的学生在授予荣誉称号的同时，给予物质奖励等。正确而有效地实行奖励，使精神奖励与物质奖励有机结合，就可以充分发挥奖励的思想教育作用和效能。

2. 将“三全育人”融入大学生生活管理

（1）将“三全育人”深入到学生宿舍、食堂等生活领域。大学生的许多思想活动都与生活问题有关，他们的思想品德修养也常常在各种生活问题上表现出来。因此，高校“三全育人”必须深入到学生宿舍、食堂等生活领域，结合生活管理对学生进行“三全育人”。例如，通过食堂管理，可以培养学生的集体主义精神，热爱劳动、节约粮食的美德；通过对一些公物的管理，可以对学生进行爱护公物，尊重劳动人民的劳动成果，为社会主义创造财富的思想教育；通过对环境卫生和礼堂、澡堂等服务设施的管理，可以使学生从中受到美育教育、文明卫生教育和养成热爱劳动、讲究卫生的生活习惯等。

（2）完善规章制度和行为规范。通过生活管理做学生思想教育工作，最重要的是要有一套规章制度和行为规范。规章制度和行为规范是一种重要的教育手段，规章制度具有行为约束力，行为规范具有道德约束力。二者相互补充，相辅相成，经一定程序确定后作为校规校纪由学校颁发，定为学生行为准则。学校制定的规章制度和行为规范要符合党的教育方针和社会道德是非标准，还要合情合理，从高等学校实际情况和学生身心发展特点出发，既体现学校集体意志要求、继承好的传统和校风，又使学生的学习、休息、娱乐和社会活动得到妥善安排。既要严格要求，又要切实可行。并且制定的规章制度和行为规范要具有一定的稳定性。学生思想品德的形成是一个经过长期培养磨炼的过程，要使学生熟悉和了解学校制定的规章制度和行为规范，并把它变为行为习惯,形成统一的作风是需要经过一定过程和时间的。因此,高等学校的规章制度和行为规范必须保持一定的稳定性，持之以恒地贯彻执行，这对培养学生正确的人生观，增强组织纪律性，养成良好的行为习惯，形成共产主义道德风尚，都有着重大的作用。

（3）要解决学生生活的实际问题。高等学校的生活管理要重视解决学生生活上的实际问题。学生在高等学校学习和生活中常常会遇到一些实际困难和现实矛盾，比如个人在衣、食、住、行、用等方面遇到的实际困难，师生关系、同学关系、恋爱婚姻等生活方面遇到的现实矛盾，这些实际问题都会影响学生的思想变化。通过有效的生活管理工作，帮助学生合理解决生活上的实际问题，创造有利于学生全面发展的学习、生活环境，保证学生正常的学习生活条件，维护学校集体生活的正常秩序和师生之间、同学之间的正常关系。这种帮助学生解决实际困难的管理是合情合理的有效管理，也是最实在的思想政治工作。学生面前的实际问题解决了，才能转变他们的思想，提高他们的政治觉悟，真正发挥他们学习成才的积极性和创造性。

（4）发挥好行政、后勤的干部职工的作用。通过生活管理对大学生进行思想政治工作，高等学校行政、后勤的干部职工有义不容辞的责任。如果说教书育人是广大教师的神圣职责的话，那么服务育人则是广大后勤职工的神圣使命。作为教育者就要为人师表、作风正派，在遵守规章制度方面成为学生的榜样，在一心为公、勤俭持家、任劳任怨、忠于职守方面成为学生的楷模。并且通过做好自己的生活服务工作，解除学生学习、生活上的后顾之忧，使他们心情舒畅地学习和生活，达到间接育人的目的。还要通过自己的生活服务活动，对学生直接进行“三全育人”，如后勤维修职工，可以对学生进行爱护公物教育，食堂职工可以对学生进行节约美德教育等。通过各种行之有效的教育活动，使行政后勤职工牢固树立服务育人思想，明确自己也是教育工作者，是不上讲台的老师，同样肩负着育人的重任。只要行政后勤人员增强了职业责任感、自豪感，就会主动结合自己的工作去对学生进行相关的“三全育人”。

（5）做好大学生生活园区的管理。随着我国高等教育改革和高校后勤改革的不断推进，大学生生活园区已成为高校对学生进行“三全育人”的一个重要阵地。一定要抓好大学生生活园区的管理，切实加强高校“三全育人”。可以设立园区辅导员队伍，入住园区与学生同吃、同住、同学习，深入了解学生思想、学习、生活状况，及时做好学生“三全育人”。同时，可以设立园区团工委和学生会、楼栋团总支、楼层团支部、寝室团小组，在校团委的指导下开展工作，参与园区各项工作的管理。可以成立由学生党员和各院系推荐干部组成的学生自我管理委员会，配合园区宿管员做好相应的学生公寓管理工作，并及时与各院系联系，反馈信息，开展文明宿舍评比等活动。学校要加强园区物质文化和精神文化建设，组织开展丰富多彩的思想教育和文化建设活动，逐渐形成融“思想教育、行为指导、生活服务、娱乐活动”于一体的园区文化活动，逐渐把生活园区建成学生德育、美育教育基地，发挥对学生的“三全育人”作用。

第七章 高校“三全育人”的文化路径

校园文化是在学校发展过程中，由师生共同凝聚而形成的学校所特有的思维模式和价值观念等的综合。校园文化是一种社会亚文化，既从属于社会文化，又有与社会文化相区别的内容。校园文化在形成过程中受到许多方面的因素影响，主要有学校发展的大事件、学校社会功能定位、师生关系传统等。和谐校园文化的构建，是高校“三全育人”工作的重要途径，也是开展“三全育人”教育工作的主要路径。

校园文化对学生的影响是无形的，这一特点给高校“三全育人”工作者开展高校学生“三全育人”搭建了一个理想平台。借助校园文化，“三全育人”工作者可以把“三全育人”的内容融入学生的日常生活中去，使学生在学习和生活之中接受“三全育人”的熏陶。

第一节 校园文化的价值与功能

校园文化对于贯彻党的教育方针，提高办学质量和人才培养质量具有重要作用。正确的认识校园文化价值及功能是加强校园文化建设的一个十分重要的问题。“蓬生麻中，不扶自直”，文化的作用是通过潜移默化实现的。从整个人类发展过程看，没有文化就没有人类社会摆脱自然状态和愚昧状态的进化，就没有人类社会由低级向高级阶段的发展。

一、校园文化的价值

校园文化作为师生学习生活而形成的一种亚文化，在“三全育人”之中既有深刻的理论价值，也有现实的实践价值。

（一）校园文化的理论价值

1. 开辟了新的教育学研究领域

校园文化是在教育实践的推动下，教师和学生相互作用而产生的结果。每一个学校都有独特的校园文化，并且通过学校教育工作者的不断努力而发展和完善。校园文化的建立，一方面可以分析本校发展的缺陷，注意其他学校的发展，从中获得值得借鉴的经验。另一方面，校园文化的建立，一定会因其与生俱来的鲜活的实践性和挑战性，吸引一批教育理论研究工作者开展校园文化的研究，帮助关注学校文化建设的教育实践工作者总结和提升已有的理论，进而对现实的教育实践工作进行指导。

同时，校园文化以其独立的地位被教育实践者所认识，这会使其研究者在自己工作遇到困惑时知道如何去寻找解决办法，现实是，很多校长或者教师们在遭遇到校园文化问题时，不知道该请教教育管理学还是教育哲学的学者。校园文化的建立既解决了这样一些人的困惑，同时也促使校长以及教师们以自觉的批判态度反思校园文化理论和实践。

2．促进教育学学科体系的完整

校园文化的兴起直接受益于一线的教育工作者对学校发展的思考及困惑，他们迫切需要有专门的理论对其进行引导和支持。教育学实质上是一门实践性学科，教育实践的需要就是教育理论努力的方向，而校园文化完美地阐释了教育学的实践特性，这既实现了教育学学科的丰富和完整，更彰显了教育学的实践性。

3．向学校管理学注入了新思维

管理理论的摇篮在企业界，学校管理学在很大程度上借鉴了企业管理学的内容和方法。然而学校的性质与企业存在很大差别，目的在于培养人才，而非盈利。因此，学校管理亦步亦趋的追随企业管理的步伐，势必会引起教育研究者的反思。作为一个学习共同体，其管理方式和以企业为代表的组织很不相同。运用针对现代企业制度的管理学理论进行学校管理无异于缘木求鱼。

校园文化打破传统学校管理的理性、科层观念，以学校成员内心的价值观念来引导学校成员自觉采取符合学校文化的方式来教书、育人、交友、做事。可以说，不用学校相关领导用心良苦的去“管”，也能达到井井有条的和谐之“理”。因为校园文化是教师和学生普遍自觉的观念和行为系统、方式系统，是一种群体意识和价值认同。凡是与学校的价值观、理想相契合的观念与行为，会得到肯定和鼓励。相反，凡是与学校的价值理念相悖的观念与行为会为众人所不容，就有被边缘化的危险。[①]可以说，学校文化

① 石鸥．校园文化引论[M]．北京：气象出版社，1995：37．

带来了无形的、非正规的和许多不成文的行为准则，这种行为准则将给学校成员以规范和约束，使他们自觉自愿地依据学校不成文的价值观的指导进行自我管理和调控，这种自觉自主的自我管理在很大程度上弥补了单纯硬约束带来的不足与偏颇。

4. 为多学科的交流提供平台

教育的对象是人，任何学科的研究对象都不像教育学的研究对象那样复杂。因而，对教育问题的观察需要多个角度，教育知识的研究也有多种基础和视角。任何一种研究视角都并不应排斥其他的视角，相反，应该努力与不同视角的研究进行交流和对话。因为我们不能同时看到一个人的前胸与后背，视野路线的局限性在研究领域里也在起作用。所谓“横看成岭侧成峰，远近高低各不同。不识庐山真面目，只缘身在此山中。”对于人文社会科学更是如此，因为人的价值观不同，认识的目的、角度就会不同，所以更需要多角度、多层次的把握。校园文化涉及教育学、管理学、文化学、学校管理学、组织行为学、教育文化学等多个学科，教育学者从事校园文化的研究，需要对上述学科有基本的把握，从教育学的视角出发，挖掘其他学科对学校文化建设的支持和借鉴。同时，校园文化也为关心教育但不是教育领域的专业研究者提供了一个研究的切入点，这有助于相关学科及其学者之间的深入和有针对性地交流，这个过程其实也是各个学科应用、检验、修正和传播自己的理论的过程。

（二）校园文化的实践价值

1. 促使教育者反思教育生活，形成文化自觉

校园文化的研究源于实践，更是为教育实践服务的，是为那些在教育实践第一线的教师、校长和教育行政人员等服务的。不过校园文化的研究并不是给他们一个模板，告诉他们怎么去做，而是要促使教育者来反思自己的教育生活，反思自己的教育理念，使他们自觉思考教育的文化意蕴。

从最广泛的意义上来说，教育就是促使人的思想发生转变，特别是向善的一方转变。而文化也可以被看作是动词，也具有转变的意思。在此意义上，教育和文化具有同质性。学校是学生接受教育的地方，也是传递和创造文化的地方。然而现实是，一些学校不具有教育意义，也没有文化的味道，充斥校园的是学生为了升学和工作（金钱）而学，教师为了工资而教，没有“为中华之崛起而学”的学习愿望，也没有“千教万教教人学真，

千学万学学做真人”的教育理想。今天的一些学校，似乎已经忘记了自己的使命，缺乏明确的价值观念，没有明确的办学理念，可以说，学校这个最有“文化”的地方反而没有“文化”了。

把校园文化作为一门学科来看待，让身处学校中的学校成员睁开眼睛去寻找隐藏的文化，去思考“什么是学校”“什么是教育”“我在学校中的地位”“我能给学生带去什么”“我想培养什么样的人”……在反思中去感悟教育的真谛。

2．维护学校成员的成就感和归属感

校园文化致力于学校文化的文化，使学校文化成为一个具有理论地位的专业术语，使学校文化从实践中的自发状态上升为具有理论高度的应然状态，并进一步促成其在实践中的自觉状态。校园文化让学校成员意识到文化建设的必要性。学校文化实际上表达的是学校的追求和理想，代表着学校全体人员的根本意愿。当这个位于学校成员内心深处的意愿被他们自觉认识到时，就会成为强大的精神力量，让他们感到是在为自己的理想而工作，自己的工作将会实现自我的价值，而且，在学校这个组织中，还有很多跟自己有着一样的追求，像自己一样为之奋斗的同事们，这就有效地调动了他们工作、学习的积极性，形成强烈的成就感和归属感。同时，学校也凭借学校文化形成强有力的学校凝聚力。这正是顾明远先生所总结的：“优秀的学校文化总是有愿景、有期望、环境舒畅、人际关系融合、生活朝气蓬勃。会激励师生开拓进取，不怕困难，追求卓越，努力把学校的各项任务完成得出色。在这种优秀文化氛围中，全校师生有一种责任感、荣誉感，驱使他们努力教和学，不断创造新的经验和成绩。”①

3．引导教育改革的方向

素质教育、新课程改革推行了很多年，也取得了一些成效。但是当深入学校跟高校“三全育人”工作者谈素质教育，听到真实的回答仍然会让我们感叹“三全育人”工作还要进一步提高。造成这种结果的原因很多，从学校文化的角度看，有以下几点。

我们都知道，教育评价是教育改革的关键，评价标准和方式不改变，怎么改革也仍是原地打转。所以教育评价多元化的提法一直都很有号召力。然而问题在于，评价多元化只是一个原则，具体怎样多元化？除了考试成

---

① 顾明远．论学校文化建设[M]．西南师范大学学报，2006（5）：67-70.

绩这一元之外其他多元体现在哪里？学校文化建设毫无疑问要在多元中占据一席之地。

教育评价，评价的对象是学生，但学生是学校中的学生，所以以分数为衡量标准的教育评价的对象也包括了学校。有评价就有比较和竞争，在分数为标准的前提下，学校在竞争中获胜的唯一砝码就是学生的分数，分数越高，升学率就可能越高，学校才会获胜。分数这个原本只是衡量学生的标准，通过评价这个中介，也成了衡量学校的标准，逐渐又演变为唯一标准。虽然教育政策和教育舆论都在谴责这种分数至上的教育评价，然而其他多元的缺失却使得谴责无力。

而校园文化的出现，使学校文化这个学校与生俱来的固有特征也成为衡量学校的一个标准，学校文化本身就具有强烈的教育意义，无疑有利于纠正当前人们对分数的过度执着。把学校文化建设明确作为评价学校的标准，是未来教育改革的可行、必行之路。

二、校园文化的功能

高校是向青年传播科学文化知识和精神文明的基地，其固有的、特殊的文化氛围成为校园生活的主要特征。人创造了环境，环境又影响着人。作为由师生员工共同创造的校园文化，为学生的成长和教职员工的工作、学习提供了良好的外部条件。人们生活在其中经常受到熏陶感染，唤起对美好事物和理想的追求，进而激发起创造更美好环境的热情和行动。因此，校园文化对学校成员的心理、行为、意识等发挥着不容忽视的作用。

校园文化反映了师生员工在价值取向、思维方式和行为规范上有别于其他社会群体，并且有校园特色的一种团体意识和精神氛围，是维系学校团体的一种精神力量。在国内兴起的“文化热”中，校园文化呈现出千姿百态、生动活泼的景象，显示了蓬勃发展的态势和强大的辐射力。文化的改革、开放，有力地推动和促进了文化观念的更新、文化组织的发展、文化环境的构造、文化设施的建设。

校园文化设施有了一定建设，使文化的表现和传递有了一定的物质载体，并通过校园文化氛围，时刻向周围辐射文化因素，给人以情绪影响和精神启迪。这几年，各级各类学校普遍重视学校环境建设和公共场所的布置，一些学校还建设了宣传栏、宣传牌、读报栏、雕塑等，运用名人名言、校歌校训的耳濡目染、潜移默化，提高师生的道德水平。

校园文化活动一个接着一个，文化节、艺术节、运动会、读书月、电影周、文体竞赛、社会调查等活动也增强了学校的凝聚力和师生的自豪感。在活动中，师生的才能得到了发挥，情趣得到了升华，还形成了融洽、团结的气氛。

校园文化组织层出不穷。不少学校都有课外读书社、艺术团、辩论会、文学社、话剧社等。目前在高校的学生社团数以万计，一些学校还成立了社团联合会，具体管辖各社团的关系。社团的蓬勃发展，不仅成为校园文化的重要组成部分，而且在声势上与团委、学生会“三分天下”，构成学生组织“三足鼎立”的格局。

（一）教育功能

校园文化有很强的教育功能，主要表现在潜移默化、耳濡目染、暗示性和渗透性。这不同于以教师教、学生学的单向灌输为主的课堂教育，生活在校园之中的人，会不知不觉地接受校园文化的教育，并内化成风尚、习惯、规范，从而带上校园文化的烙印。校园文化的教育功能，大致可以概括为以下几个。

1．凝聚功能

校园文化所包含的全体师生员工共同的价值观念、理想信念、行为规范等群体意识，就像一种精神黏合剂，可以使师生员工产生归属感，增强凝聚力。这种凝聚功能来源于校园精神，是高校校园文化的灵魂，它对大学师生具有无形的不可低估的凝聚力和感召力。它能使全体成员团结一致、关心集体、关心学校，进而形成一种心理需求，从而增强学校成员的凝聚力和荣誉感。

校园文化的凝聚力或向心力问题，目前愈来愈受到人们的重视。不管是一个国家还是一个民族，也不管是一个企业还是一个学校，当一种文化的核心被人们认同以后，就会变成一种强大的黏合剂。以学校精神为核心的价值观被学校全体师生员工共同认可以后，就会产生强烈的认同感和归属感，凝聚成一种合力和整体趋向，从而产生一种巨大的向心力和凝聚力，把所有成员牢牢凝聚起来，有力地强化师生员工的校园归属感、责任感和荣誉感，形成一股无形的强大的精神力量，推动学校不断向新的目标迈进。一所学校要在激烈的社会竞争中立于不败之地，并一往无前地向前迈进，除了靠高质量的教学、高水平的管理等“内功”外，还要靠这种由校园精神所凝结成的极大的集体合力、奋发向上的群体意识和学校成员的主观能动性。拥有强烈学校意识的师生员工，会自觉自愿地把自己与学校融为一体，“校兴我荣”“爱校如家”，拥有强烈的主人翁感、责任感和使命感，处处维护学校的荣誉和声誉，为学校添光增彩。

校园文化作为广大师生在实践中共同创造和认同的价值取向和情感追求，具有较强的凝聚力和强烈的认同感。它可以把广大教职员工的思想和力量团结在一起，激发他们为共同的发展目标奋发进取的情感，进而内化为一种积极进取、开拓创新的巨大合力，使学校的每一个成员都能感受和意识到，自己在校园文化建设过程中是主体，在文化素质提高的过程中也是主体，并产生一种强烈的校园认同感、校园归属感、校园责任感和校园荣誉感。

因此，良好的校园文化，就会把校园全体成员的力量凝聚成一个合力，使个人按照学校整体目标而行动。同时，良好的校园文化还可使人身居校园，感到处处充满集体的温暖，团结友爱、公正公平，感到充满成才的机会，有一种令人振奋、催人向上的力量。

2．陶冶功能

教育从根本上说是起着一种文化传递的作用，使人通过对文化价值的摄取，获得人生意蕴的全面体验，进而陶冶人格和灵魂。学校教育的本质，就是进行文化传递，使学生通过对文化价值的摄取，进而陶冶自己的人格和灵魂。在这方面校园文化比起正规的教育教学更具有独特的功能。原因在于：第一，与其观念体系相适应的优美、整洁、有秩序的学习、工作、生活环境，对生活在其中的每个人起着陶冶情操与规范行为的作用。第二，校园文化创造了一个陶冶人们心灵的场所。以校风、学风、文化传统、价值观念、人际关系等方式表现出来的观念形态，对学校教育的各个方面起指导性的作用。

青年学生生活在复杂的环境里，他们是在社会生活的相互交往中发育成长起来的。社会主义社会为青年一代实现全面发展提供了有利条件。学校教育长期一贯地坚持德育和智育，有利于使学生树立起共产主义的世界观、人生观和理想情操。但是，如果脱离具体社会生活，离开社会实践，只是书本上口头上的说教，这种世界观、人生观和理想情操是形成不了的。对于青年学生的教育需要充分利用各种场合、各种形式进行传统教育、民主法制教育、“五讲四美三热爱”教育。需要重视和开展第二教育渠道，关心学生的课外生活，使他们在接触周围世界的丰富多彩的活动中陶冶高尚的情操，培养社会主义的世界观、人生观。

由于校园文化具有陶冶的教育作用，因此，在学校的整个教育环节中，它能消除某些正面教育所引起的逆反心理，收到正面教育所不能达到的效果。苏霍姆林斯基曾经说过，对周围世界的美感，能陶冶学生的情操，使他们变得高雅。

3．导向功能

所谓导向功能，就是把学校成员的业余文化活动引导到正确的方向上来。具体来说，就是指在具体的历史环境和社会发展条件下，将所有成员的事业心和成功欲转化为具体的奋斗目标、人生追求和行为准则，形成广大师生的精神支柱和精神动力，共同为社会主义现代化事业而努力奋斗。

校园文化承载着学校的精神，并逐渐形成一种与之相适应的环境与氛围，从而对在其中的人们起着主要价值导向作用。它能够把全体师生员工的思想和行为统一到学校的发展目标和人才培养目标上来，保证学校的办学方向，号召全体师生员工为实现共同的目标而努力奋斗。从物质环境到制度理念，从集体规范到人际关系，从举止仪表到教室的布置，校园文化建设始终围绕着学校的发展目标，给每一位校园人一个具体可感的参考系，从而使校园人积极地从周围环境中接受那些大家所公认的或学校倡导的价值观和行为准则。

良好的校园文化环境，会通过陶冶、凝聚等内化力量，给学生的成长提供优越的精神土壤，同时抑制不良心理、行为和习惯滋长，使他们在校园文化的导向下，正确选择社会信息，接受先进思想，逐步健康地成长起来。学校是一个开放的系统，一个兼收并蓄的文化荟萃的场所，各种价值观念在这里碰撞，校园文化的正面引导作用显而易见。教育心理学认为，青年学生正处于生理、心理急剧发育、变化的时期，思想活跃，易接受新鲜事物，易被环境所影响，思想观点、政治态度、道德观念均含有极大的不稳定性和模糊性。因此，面对社会开放形势下出现的各种现象和产生的社会文化信息，缺乏起码的辨别筛选能力，致使他们产生思想上的盲目，行动上的盲从，甚至误入歧途。

校园文化作为一种环境文化，其重要作用在于创造一种文化氛围去感染、陶冶学生。大学校园文化氛围时刻熏陶着大学生的意志、情感、思想和价值系统，这种影响从大学生一踏入校园就已经发生，并通过其功能将大学生导向预定的教育目标。

积极参与校园文化活动，充分发挥创造力，是学生业余时间消耗能量的重要途径。青年学生精力旺盛，爱好文娱，喜欢表现，而校园文化就为他们提供了一个培养创造力、释放潜能的广阔天地。在正确导向下，在集体的激励下，学生的能量就会迸发出来，同时创造力、艺术修养、社交、组织、生活等方面的能力都会得到锻炼和提高。

4．规范功能

校园文化对每个校园人的思想、心理和行为具有约束和规范作用。一方面，通过校园文化营造所表现出对价值取向、理想情操、道德规范的非正式约束功能，影响校园人的价值观、道德观和行为；另一方面，通过建立一定的机制和制度的调适、约束、控制力促使每一个校园人在行为上协调一致。

规范功能就是根据学校教育方针和教育任务的要求，激发学生内在的学习动机，坚持集体主义的价值取向，弘扬爱国主义的高尚品德，培养爱校如家的深厚情感，自觉维护高校的安全稳定。这种导向作用不是靠行政命令，而更多的是靠校园文化对学生的心理塑造来进行的，它为个体行为提供了参照系数。身在这个环境中，就会自然而然地受到熏陶感染，使学生在潜移默化中接受校园的共同的价值观。

示范功能是指校园文化主体中的优秀人物对其他人的示范作用。校园文化建设旨在营造一个健康向上的求学与做人环境，而在求学与做人过程中，教师对学生影响最大，教师不但要教书，更要育人，指导学生提高治学、做事、律己、交友、待人、处世等方面的修养，是学生主要的模仿对象。教师的政治思想、道德品质、文明修养、治学态度、生活方式及人生观、价值观都会对学生产生潜移默化、甚至是终生的影响。此外，散见于校园中的书画墨迹、雕塑、纪念碑亭、历史名人塑像等人文景观，也都对生活于其中的大学生有重要的教育示范作用。

5．自我教育功能

校园文化环境囊括了校园成员的全部生活，贯穿于师生员工校园生活的各个方面。对于学生来说，校园文化以潜移默化的方式产生影响，使学生在不知不觉中接受教育。这之中，无疑也包括自我教育。青年学生由于学业压力，又面临严峻的就业形势，长期处在一种严肃、紧张的生活状态下，容易产生焦虑感、挫折感，容易出现心理障碍。健康向上的校园文化和良好的校园文化氛围对人具有一定的约束力。它不仅可以调节人们的情绪、促进人们的身心健康发展，而且能够激发人们创造出最新的文化知识和文化成果，甚至会创造出新的准则和新的规范来，从而使校园文化对整个社会文化起着一种鲜明的自我教育功能。合理地满足了交往的需要、归属的需要、爱的需要、美的需要和自我表现的需要，进而也为学生提供了一个正常的心理宣泄通道，促进其身心健康发展。由于这些活动从思想方式到工作方式对学生走向成熟提供了不可多得的锻炼机会，使学生由依赖转变为自立，由等待变为自己动手，从而培养了他们自主、自立、自强的能力和个性。因此，开展校园文化的过程，实际上就是学生自我表现、自我教育、自我管理、自我提高、不断社会化的过程。

（二）社会功能

校园文化是个体社会化的过程与缩影，它以特有的精神活动和文化氛围，使生活于其中的每一个个体有意无意地与既定文化发生认同，从而实现对人的精神、心灵、性格的塑造，达到社会化的目的。学校的文化环境绝不是孤立封闭的，是与社会神经息息相通。一方面，经社会化了的校园成员通过与社会的接触和交流，以其良好的思想文化素质和文明行为去影响他人。因此，校园文化的社会功能主要体现在同化功能和辐射功能两方面；另一方面，校园文化以其特有的精神环境和文化氛围，使生活在校园之中的个体有意无意地实现精神、心灵、性格的塑造，达到社会化的目的。

1．社会同化功能

所谓“同化”，是指一个人自愿地接受他人的观点、观念、态度和行为，使自己的态度与之相接近。按照心理学的观点，人的社会化过程是通过人的一生来完成的，个体从婴幼期开始，经过童年、青年、成年以至老年，都在不断地进行着个体的社会化过程。青少年时期是一个人生理、智力发展的黄金时期，学校教育的影响，是促进个体社会化的主要因素。校园文化社会同化的功能，其实就是校园成员个体社会化的过程。

现行的学校教育，其实现的目标之一就是促进校园成员个体的社会化。而这种个体社会化的内容与要求，是和校园文化的教化目标一脉相承的。因为校园文化的深入发展可以使校园个体与社会环境之间谋求达成平衡和协调，从而实现对人的精神、心灵及人格的塑造，达到社会化的目的。

对于学校的主体学生来说，社会同化的最终完成，包括了以下几个社会化过程：

（1）政治社会化。在社会主义制度下的社会环境中，政治性是客现存在的现实状况。学生的政治社会化就是要求学生适应这种客观特征，接受特定社会的政治现状，接受和服从其政治规范，并在社会生活中以这种政治准则约束自己的政治行为，使自己在心理上和行为上与所生活的社会的政治氛围达成适应性平衡。

（2）知识技能社会化。学生是社会主义建设事业的后备军，学校有责任和义务在加强学生社会化方面提供指导，使他们尽可能多地获取各种生活知识和职业技能，从而在走上社会后能独立生活和独立工作。

（3）道德规范社会化。社会主义社会要求学生必须具有大公无私的思想道德，具有务实踏实的职业道德和互相关心、互相爱护的精神风尚。道德规范社会化就是要求学生以共产主义思想道德为指导，以社会规范为标准进行自我控制，提高他们遵守道德规范的自觉性，从而使他们在步入社会后成为社会主义事业的建设者和接班人。

（4）角色社会化。学生要符合社会的要求和规范，取得社会成员的资格，必须学习适当的社会角色，同时为适应社会发展和科技进步的需要，不断学习新的角色，善于正确地承担多种角色。把在学校所学的理论知识转变为实践，让自己在社会上立足。

2. 社会辐射功能

“辐射”原是物理学上的概念，指一种物体温度高出环境温度时，就要向外扩散。这里所说“辐射”，是指校园文化的文化态势高于社区乃至社会的总体文化态势时，就要对其产生影响。

学校是传播精神文明的场所，其文化层次和品位较周围地区相对要高。从群体而言，一所学校就是一个整体，它综合了每个个体的素质，在文化上达到社会文化的制高点；从个体而言，一个人求学、深造的结果，除获取各种社会知识和专业知识外，还接受了精神文明的熏陶，具有良好的思想文化素质和文明行为，一旦步入社会，势必对他人产生影响。由于学校坐落于一定区域之内，因此，它对周围社会文化场的辐射影响，既有广度又有深度，而且具有其他文化所无法比拟的功能优势。

校园文化对社会文化场的辐射影响，主要依仗于三种文化流的作用。

（1）人才流。学校是人才的摇篮，每年要从这里输入输出许多人才，培养输出的人才，就像一粒粒种子把所在学校的优良校风、精神风貌播撒到四面八方。

（2）传播流。任何学校都有自己的宣传阵地，具备传播知识信息和科研信息、服务信息的工具和媒介，以及与外界社会进行联系的文化通道。利用它们，可以将本校的情况、信息及时向社会扩散，不断地对社会文化的建设起推进、示范和导向作用。

（3）知识流。学校作为一个整体，在其所在的社区中，往往会以其较高的文化功能去服务于社会。特别在社会主义市场经济的新形势下，学校除了育人功能外，还增加了社会服务功能，需要面向社会进行各种知识性和技术性的服务。社会职务工作的开展，势必在学校与社会组织的合作中，产生文化“互射”作用，从而提高社区的文化内涵。

大学是向社会传播新思想、新科学、新文化的重要阵地，高校校园文化总是走在社会文化的前列，并以自身独有的优势作用于社会。一种体现时代精神的、有生命力的校园文化，不仅可以辐射到学校周边的社区，影响社会文化的建设和发展，而且可以通过为社会各界输送的人才和学校的科研成果，对整个社会文化的发展产生影响，从而优化社会气候，提高社会文化的水准。高校是一支重要的社会力量，在促进社会和谐发展方面具有重要的地位和作用。高校主要是通过不断提高办学质量、切实履行自身职能来实现为和谐社会建设服务的。众所周知，高校历来承担着人才培养、科学研究、社会服务和传承文明几项职能，其办学质量的提升也主要取决于这些职能的强化。高校职能的切实履行无不需要校园文化的引导、渗透和支撑。校园的建筑、布局和绿化、楼房内外的装饰、教师宿舍的管理情况等，是长期陶冶学生品性和生理的因素。生动活泼的校园文化活动，如各种类型的学术理论探索、广博的知识介绍和丰富多彩的文化娱乐体育活动，对所有参与者的思想品德、智慧才华、情趣爱好和身心发展，都有潜移默化的熏染和陶冶作用。校园文化的内容、形式和传播是开放的。大学的产品主要是两类：学术成果和人才。学术成果、学术方法的演进和自由探索的气氛，将由大学扩散至全社会，推动社会的进步；大学所培养的人一批批地走向社会，他们所学的科学技术，还有所受到的文化熏陶的文化行为的惯性作用，将在一定时期内对社会主流文化产生影响。

（三）情感功能

情感是人的一种复杂的心理现象。情感包括道德感和价值感两个方面，人的情感是文化情感赖以产生的基础，没有人的情感，也不可能有文化情感。列宁曾经指出：“没有人的情感，就从来没有也不可能有人们对真理的追求。”这说明，人的情感可以使人认识真理，追求真理。文化情感也是如此。校园文化可以通过人的情感作用产生较大的影响。

目前，人们在论及校园文化的功能时，对情感功能有所忽视，这是一个较大的缺憾。如果从教育学、社会学的角度去认识校园文化的功能，就只能抓到校园文化影响学校成员成长的共同性，而不能抓住其特殊性。既然校园文化对人的情感产生作用，我们就必须从心理学、美学的角度进行研究，找出校园文化的情感功能。校园文化的情感功能，具体包括审美、娱乐、激励这三项功能。

1. 审美功能

审美功能，又称“美化功能”，它可以说是推动人类自身发展的一种内驱力。校园是到处充满情感的校园，校园文化的丰富，充实了人们的精神境界，同时也提高和美化了人们的精神境界。校园文化的审美功能是看不见摸不着的，它在校园成员的情感体验之中。要使每个学生的心灵美丽、充实、多姿，就必须重视校园文化的审美功能，通过情感和美感的力量使他们茁壮成长。

人追求美是人追求自己本质力量的丰富性的体现。在引导和鼓励学生追求仪表美的同时，我们应注重教育学生对自然美、艺术美、社会美等的向往与追求，帮助学生抵御那些低级淫秽、腐朽、毒害青少年健康成长的、与社会主义精神文明格格不入的审美情趣，从而培养高尚的道德情感和审美情趣，以推动社会主义精神文明建设不断向前发展。对学生来说，丰富而健康的精神文化活动，为学生充分地表现爱美的天性，提供了机会和条件，让他们以各自的审美情趣美化生活，从中得到多样化的体验，并极力按照美的规律塑造自己。在校园文化中，那些内容健康、形式多样、格调高雅的各种精神文化活动，可使校园成员以此为兴趣和起点，努力学习和培养正确的审美意识、审美理想、审美观点，特别是对美的感受、欣赏、判断和创造审美能力。

2. 娱乐功能

罗马古典主义理论家贺拉斯的“寓教于乐”的观点，完全可以引入到校园文化之中，校园文化不单单是为了教化，还应该有消遣和调适作用，做到“教诲与娱乐携手并进”。过去，我们在认识校园文化时，仅注意到教育或教化功能，对娱乐功能重视不够。

娱乐功能，也称“消遣功能”“调适功能”。对于学校成员的生活和精神来说，校园文化是一种很好的调节剂。

校园处处是文化。校园文化的发展不仅有效地调控着专业文化生活，而且有效地调适着业余文化生活，这是经过许多研究发现的基本事实。如果校园文化有专业文化和业余文化之分的话，那么发生在上课和上班时间、空间里的文化活动和文体现象就是专业文化，而学习、工作之外的各种文化活动、文化现象就是业余文化。作为校园文化一部分的业余文化生活，它不仅可以作为紧张学习、工作之余的体力、脑力恢复的调节剂，而且可以进一步作为人们娱乐、享受、愉悦身心的调节剂。这些形式近似一种消遣，但从生理和心理的需要来看，通过身体放松、竞技、欣赏艺术、科学和大自然，为丰富学校成员的精神文化生活提供了可能性。因为“消遣为人们提供了激发基本才能的变化条件”。此外，沁透了校园文化精神的学校校规校训、校风校貌、校内人际关系、道德风尚等，对学校每个成员的思想和行为都起着一定的约束作用，是一种有心理制约而发生作用的自我管理和约束，它是通过学校成员自省时的内疚自责而改变不良行为的约束，这是一种有效的“软约束”，通过创造一致的精神气候和融洽的文化氛围，消除人们心理和情绪上的自我干扰和相互摩擦，减少内耗，协调人际关系，使个体的潜能得到进一步的开掘和发挥。

3．激励功能

校园文化为扩大学生的知识面，促进学生个性发展，优化学生的情感，开发学生的潜能，满足学生社会交往等提供了一个育才环境。校园文化的激励功能，又叫“动力功能”。所谓“激励”，就是激发和鼓励的意思，就是通过某种刺激因素，促使某种思想、愿望和行为产生的心理过程。在校园中，学生受到文化情感的激发是一种普遍现象。学生每天都要接到各种文化信息，在心理和精神上出现了众多的需要，这些需要的不断“膨胀”，就成了一种刺激因素，促使学生产生各种情感体验。优良的校园文化往往像一把火炬，能在寒冷中给人带来温暖，在人们苦闷彷徨之际，给予光明和力量。

因此，作为校园文化，只要它内容健康，情感健康，不管是物质形态的，还是精神形态的，都能起到激励学生前进的情感作用，从而使学校产生精神振奋、朝气蓬勃、开拓进取的良好风气，形成一种你追我赶的激励环境和激励机制。它有利于在全校成员中培育和树立共同的理想和目标，增强事业心和责任感，极大地激发出积极性、创造性，从而对学校建设作出积极的贡献。

总之，校园文化的功能，大都是在潜移默化之中发生的，其对校园成员的影响既深刻又广阔。这里探讨的校园文化的几大功能，仅仅是选择影响最显著的几个功能来论述，还不能概括它的所有功能，研究校园文化功能，目的在于通过它去认识校园文化的本质，进而为建设具有中国特色的社会主义校园文化提供必要的理论依据。

第二节　和谐校园文化建设

一、和谐校园文化的内涵

和谐校园文化就是在吸取古今中外文化精髓的基础上，根据中共中央关于构建社会主义和谐社会的重大决策，按照民主法治、公平正义、诚信友爱、充满活力、安定有序、人与自然和谐相处的总要求，通过一系列扎实有效的措施，使办学理念、教学科研环境、教学管理体制、校园文化氛围以及人才素质结构等方面之间达到一种和谐状态。

构建社会主义和谐校园文化，有利于更好地坚持育人为本、德育为先、立德树人，引导和促进大学生提升思想道德素质，树立崇高理想信念；有利于更好地优化育人环境，激发校园活力，凝聚师生活力，形成团结和睦、共同育人的局面；有利于更好地整合教学资源，促进教学相长，引导和帮助大学生全面发展、健康成长，为培养大批中国特色社会主义事业的合格建设者和可靠接班人提供有力保障。与此同时，只有在尊重人、理解人、关心人的和谐校园环境下，广大知识分子才能在相互学习、和谐融洽、团结协作的良好环境中，发挥自己的聪明才智和创造才能，为高校在知识创新与科技创新的热潮中，发挥出不可替代的重要作用，进而促进高等院校人才培养、科学研究、社会服务、传承文明等重要任务的完成。

二、和谐校园文化的特征

（一）以人为本的教育理念

高校是知识分子和青年学生集中的地方，他们有着较深厚的知识底蕴，敢于创新，乐于思考，是高校发展的主体力量。因此，高校要落实以人为本的科学发展观，必须首先考虑这样的校情，真正做到尊重人、关心人、理解人、爱护人和激励人，为广大师生才能和潜力的发挥营造一种合理有效的宽松环境和良好氛围。具体而言，就是要多为师生员工谋实事、办实事。对教师这一教书育人的重要角色的扮演者，除了关注其角色责任外，更应关注其群体的身心状态，如部分中老年教师的身体处于亚健康状态，他们承受着沉重的工作和家庭负担，在教坛上默默耕耘，几十年如一日。以人为本，就是要重视我们过去曾经忽略的问题，始终围绕人的全面发展这一中心来开展工作。对学生要子女般地爱护，及时了解学生的实际，积极开展理想信念教育、爱国主义教育、公民道德教育和健康教育，关心学生的思想、心理、学习、生活和身体情况；注意保障广大学生的权益，及时处理侵犯学生权益的事件，帮助学生健康成长，快速成才。

（二）公平、公正的制度环境

学校作为一个服务性组织，严格的规章制度是其基本特征之一，也是其组织目标实现的基本保证。《中华人民共和国高等教育法》第三十一条明确规定，高等学校应当以培养人才为中心，开展教学、科学研究和社会服务，保证教育教学质量达到国家规定的标准。教师在其中所起的作用至关重要。教师潜能如何才能最大限度地得到发挥？关键是要创设公平、公正的制度环境。无论对教师的年度考核，还是对课程建设的评估，都应制定合理有效的评价体系和标准，剔除弹性较大的项目指标，一切做到有据可依，有章可循。在教师群体中，每个个体都各有千秋，各路“神仙”各显神通，都应给予肯定，给予公正评价，要用人所长，容人所短，让长者更长，不削峰填谷。充分尊重教师的劳动成果，让所有教师各尽其能、各得其所、专心教学又和谐相处。必须强调的是，在教学第一线上的应该是优秀的教师群体，将最优秀的教师群体激励吸引到讲台，教学质量就有了保障，学校就会不断呈现出发展的强劲势头。

（三）协调、融洽的各种关系

和谐校园文化的最重要特征还应体现在各种关系的协调与融洽上。

1. 各部门之间的关系

学校作为一个典型组织，集中体现在它的科层化的管理体制上，其组织机构是直线—职能形式结构，各职能部门和教学系、部，都是这一机构网中的重要网结，各部门都应明确职责和任务，强化服务意识，协调各种利益关系，形成相互理解和信任、支持与配合的工作格局。

2. 各类人员之间的关系

学校是由教师、学生、教育管理者、后勤服务者等所组成的群体。各类人员尽管文化层次、基本素质各异，但他们都是学校这个大家庭中的重要成员，缺少哪部分人都不可。由于工作的分工，难免彼此间产生矛盾，甚至隔阂，这不仅要求领导者具有统筹、协调能力，而且各类人员都应以大局为重，以学校的发展为先，同心协力，以自己的实际本领，促进学校的改革和发展。

3．干群之间的关系

学校的各级干部是职责的承担者，而不是利益的拥有者。各级干部都应把服务群众、凝聚人心、协调利益、化解矛盾、排忧解难作为首要职责。在各项工作中率先垂范，为群众谋实事，为集体谋利益。这样，自然会消解干群之间的矛盾，加强干群之间的沟通和交流，增进干群之间的友谊，呈现和谐的工作空间。

4．师师之间的关系

教师履行自己的职责，往往是在一定的群体以及与其他教师的交往合作中进行的，这就向每位教师提出了一个如何与同事和谐相处的重要问题。真诚是基础，理解是关键。教师之间，无论在工作还是生活上，都应以诚相见，以真交融，相互理解，相互帮助。以宽容的心态、豁达的气度、谦逊的品格，重塑新时代的师师关系。尤其在教学科研工作中，需要所有教师加强交流，充分发挥合力的作用，集体攻关，不断提高教育教学质量。

5．生生之间的关系

学生与学生作为共同的受教育者，他们首先有着很多共同的利益关系。但由于学生的思想状况十分复杂，所以彼此间的矛盾时常引发。这既严重伤害学生间的感情，也不利于学生的健康成长，更有悖于和谐校园的生成。因此，作为教育工作者要积极引导学生发扬互助互爱的精神，共同战胜困难，圆满完成学业。作为学生自身要珍惜同学间的友情，遇事要多方面地考虑，尤其要站在对方的立场上想想问题的来由。同学间一旦发生不愉快的事情，一定要先检讨自己，宽容别人。这样，构建和谐校园的愿望就会实现。

6．师生之间的关系

师生之间的主要矛盾是教师对学生施加的教育和影响与学生能否接受这种教育和影响的矛盾。怎样解决这一矛盾是构建和谐校园的又一关键。在中国传统文化的熏陶下，我国大学生是很重感情的。因此要以情感为基础，沟通师生间的思想，适应大学生的心理活动过程。苏联教育家马里延科说，每个学生都可能发展成为道德高尚的人，但是每个人的道德品质的形成和发展过程是不同的，这是由他们所处环境中的种种关系决定的。具体来说，就是需要一种心理相融的新型师生关系。心理相融使得教师的思想、言行更深刻地在学生心灵上发生潜移默化的影响。苏联的另一位教育家加里宁也曾讲过，优秀品德的培养不能借助漂亮的说教或空洞的鼓动性的喊叫，它们只能以同志间的交往为基础，在日常的看不见的影响下，在整个生活过程中深深地被灌输到意识中去。这两位教育家都强调了师生关系在教育中的重要性。师生关系是我们构建和谐校园所应关注的重要内容。

三、和谐校园文化建设的途径

（一）完善各项制度措施，增强大学校园文化的凝聚力和创新力

大学的发展已从“精神型”走向了“专门型”组织，组织结构由比较简单的几个部门转向了庞大的工作系统，专门的管理活动已经出现，大学内部有组织的活动越来越多，不同活动领域之间的协作和依存也不断加强。因此，制度安排是大学发展的必然。制度建设与机制和体制创新是同质的，其中，最重要的就是要完善各项制度措施，建立现代大学制度。

具体来说，各项制度措施的完善必须着眼于以下几个方面：

（1）各项制度措施的制定与完善首先要建立在民主和法制的基础之上，反映在大学校园文化中，就是依法治校和民主管理。有这样一个逻辑前提，才有可能营造一个宽松和谐的学术环境，发扬批判和独立的学术精神，鼓励教师进行开创性的研究。

（2）在转变学校行政职能方面，要更多地体现“精神性”而非“物质性”，“全员性”而非“科层性”，加强教授治学、教师参与学术事务的权力。唯有如此，学术权力才能超越行政权力。同时，一所大学如果在学术权力面前失语，仅剩行政权力，那么，大学校园文化就是无源之水、无本之木，作为学校立命的学术只能是空谈。

（3）只有建立一套科学、合理、透明、严格的竞争遴选制度和以投资效益为核心的公开、公平、公正的绩效考核和评价机制，才能真正把学校内部搞活。

（4）各学科的高度交叉和融合是当前全球语境下学术发展的必然选择，因此，改革现有的学科和科研管理的组织模式，不断提高一流大学的学科和科研的管理水平，以更好地适应现代学科的发展，促进学科的交叉和科技创新。同时，好的制度安排不仅是选择，而且可以规范人的行为。大学

校园文化需要制度框架的支撑，大学校园文化是娇嫩的花朵，高贵的理念也只有在与之相容的正式制度下才能存在并得以发扬。因此，只有完善各项制度措施，大学校园文化的凝聚力和创新力才能竞相迸发，大学校园文化才能卓尔不群、历久弥坚。

（二）加强各级组织领导，形成大学校园文化建设的合力机制和共谋策略

所谓大学校园文化建设的合力与共谋，除了内部合力问题之外，对于外部应该从两个角度予以考察：一方面强调大学校园文化建设要与外部环境相适应，另一方面还要强调外部环境促进大学校园文化的建设与发展。因此，大学校园文化建设的合力与共谋必然是多方面、多层次、多角度的，并不是单打独斗，也不是闭门造车。所以，从大学自身、大学与政府之间、大学与社会之间的关系出发，必须强调各级组织领导与形成建设合力之间的必然关系，而理想的关系状态则是通过加强各级组织领导，共同促成合力的形成。

在社会资源整合方面，政府作用是绝不能被忽视的。在大学校园文化建设方面，政府可以从自身职能出发，利用间接的宏观管理方式促进其建设发展。具体方式包括：一是政策方式，即通过制定相关政策来引导高校进行文化建设的行为；二是经济方式，即在拨款、资助、投资、奖励和招标等教育经费分配过程中通过合理的倾斜来调整提高文化方面的投入；三是信息服务的方式，即通过提供信息服务来使高校有选择地决策自己的行为；四是监督评价方式，政府教育部门通过检查、鉴定、评估等活动来对文化建设情况进行检查监督。只有内外兼修，调动多方面的积极性，才能整合资源，凝聚力量。

（三）积极开展校园文化创新，提高文化实力，促进和谐校园文化建设的大发展

建设校园文化是一项系统工程，校园文化的创新则需要从三个方面入手，合力并举。第一，培育具有创新理念的大学精神是核心。培育具有创新理念的校园精神，要深入开展校风、学风、教风建设，崇尚学术，探索真理。第二，营造具有创新氛围的校园文化环境是保证。要增强学校的自主创新能力，建设高水平创新型大学，校园文化环境要素至关重要。积极营造高校包括制度环境、学术环境、人文环境、社会环境在内的创新环境，

是高校校园创新文化建设的重要内容。第三，组织开展具有创新性的校园文化活动是载体。校园文化活动是校园文化建设的“发动机”，是校园文化中最活跃的因素，丰富多彩的文化活动是高校创新文化建设的有机载体和平台，具有促进校园精神的培育、激活校园文化环境的作用。

特别要提出的是，多校区办学更应注重文化创新。随着高校多校区办学的实践和多元文化的存在，面对文化融合过程中的矛盾与冲突，要求高校必须尽快做出相应的改革，以适应新形势的发展，确保“一个大学”的理念深入人心。大学校园文化是一所大学的灵魂，在多校区办学实践中，我们必须坚持文化继承与文化创新相结合。

多校区办学与文化创新的关系按其内在的层次递进关系主要表现在继承关系、融合关系和创新关系三个方面：第一，大学的文化精神是大学的血脉和魂魄，而大学精神的积淀是一个漫长的历史过程，作为价值取向和行为方式，如果没有这种内在的传承，则多校区大学可能是一盘散沙。第二，传承对于多校区办学的新型大学来说具有了不可替代的作用。一方面，必须首先确定新组建学校的办学指导思想，并通过校训、校歌、校徽等让其深入师生员工内心，成为大家共同的行为准则；另一方面，又必须通过一系列切实可行的制度、措施保证，真正使统一后的大学校园文化理念深入师生员工的灵魂深处，并化作自觉的行为选择。第三，创新能力实质上是一所大学内在生命力的真正体现。这种创新包含着十分丰富的内容和多样化的选择，而建立大学形象识别系统则是当前条件下多校区办学的首要之举。

（四）结合学校历史传统，体现时代要求，培育良好的校风、学风和教风

学风、教风和校风是衡量一所学校教育质量和精神面貌的重要标志。其中，校风是理念，是精神，教风、学风是前者的具体体现与实践。具体说来，校风是一种潜在的教育力量和无形的精神力量，是一所学校在教学过程中所形成的文化氛围，是师生员工言行举止的准绳和拼搏奋斗的精神支柱，它对学生的培养和成长起着极为重要的潜移默化的熏陶作用。学风是学习者世界观、人生观和价值观的反映，也是学习者学习态度和学习方法的集中体现。它主要包括正确的学习目的，巨大的学习动力，端正的治学态度与良好的学习方法。教风是校风的核心，是师德的载体，教风不仅影响和制约学风，而且主导校风。

理论上讲，教风和学风的好坏，决定着一所学校校风的好坏，其中教风又是影响学风和校风的主要因素。因此，加强教风建设，乃是培养优良学风和校风、办好一所大学、为社会主义事业和“和谐社会”建设培养高质量人才的大事。目前，正是各高校大改革，大发展的时期，“三风”的建设只有结合学校历史传统、办学特色，并体现时代要求和社会进步规律，才能实现良性互动，赢得社会赞誉。比如，教育的本质是“树人”，教风的落脚点在于教书育人。现代教学要充分体现“以人为本”，即以学生为中心，把学生看作教学过程的主体，使学生发挥主动精神，成为积极的学习者。为此，要重构和完善教育教学体系，使教学过程更加多维化和综合化，使学生的学习更加自主、高效。教师的教学不能局限于传授一般的科学知识和科学方法，更要传承一种哲学思维方式，在探索和研究的教学过程中激发学生的求知欲、好奇心和学习兴趣。通过师生的交流和沟通，撞击学生的知识灵感，引起学生的学习高潮与共鸣，使学生成为知识的接受者、探究者和创造者。

（五）以先进文化为导向，全面推进“博雅工程”，不断丰富校园文化生活

大学不仅是学习知识、传播知识的地方，更是陶冶情操、提高素质的地方。当代中国大学以社会主义先进文化建设为导向，大力推进丰富多彩的学术、科技、艺术等“博雅工程”系列活动，不仅可以使学生形成合理的知识结构，而且还可以丰富校园人的精神生活，提高其审美能力和思想境界，陶冶情操，培养健康活泼、奋发向上的精神风貌。丰富的校园文化活动是培养高素质人才的一个重要途径，学校各院系每年都可结合各自的特点，开展格调清新高雅，内容丰富多彩，形式多种多样的科技文化艺术节，让广大师生积极参与，各显其能，使校内初步构建起多层次、多类型、系列化、大众化和精品化的独特校园文化氛围。

与此同时，大学要根据学生的兴趣，倡导建设健康向上的自我教育、自我服务和自我管理的学生社团组织，如大学生通讯社、演讲与口才协会、体操队、武术队、书法协会、球迷协会等。要以爱国主义教育为主线，激发师生员工工作和学习的热情。每年新生入学，学校都可对学生进行以光荣传统和优良校风为主题的入学教育，对新教师进行各种严格、系统的岗前培训等，深入开展“三全育人”，创建优良班风、教风和学风活动。使新生从入校的第一天和新教师任教的第一堂课开始，就培育起

爱国爱校的情感。在每年的传统节日，学校都可紧密围绕形势和任务，确定纪念活动的主题，充分发挥各级党政组织以及工会、共青团、学生会、研究生会以及各种学生社团的作用，组织各种蕴含丰富教育内容的活动。这些全年基本不断线的思想文化教育活动，可极大地丰富师生的思想文化生活，有力地提升师生的时代精神、创新进取意识和思想修养品位。

（六）以“促和谐”为主题，以有利于积极参与和持续推进和谐校园建设为宗旨，大力开展主题创建活动

开展和谐主题创建活动，持续推进以“和谐”为核心的校园文化建设，是实现学校又好又快发展的迫切需要，也是实现全体师生共建共享的迫切需要。

主题创建活动是指把具有一定特征的某种基本思想作为核心内容，并在活动中使其得到充分体现的一系列思想政治创建活动。主题创建活动的基本含义决定它具有战略性重要地位。从内容上讲，高校文明、和谐主题创建活动要以理想信念教育为核心，以爱国主义教育为重点，以思想道德建设为基础，以大学生全面发展为目标；从组织形式上讲，有课堂教学、课外教育等活动，有全校、院系、年级或班级等大小规模不同的活动，有工会、党团、社团等不同组织主办的活动，有学术的、科技的、体育的、艺术的和娱乐的等不同内容的活动，有社会调查、生产劳动、志愿服务、公益活动、科技发明和勤工俭学等社会实践活动等。如此丰富的内容与组织形式，必须突出重视实效性，避免因缺乏新意而使组织者与参加者产生心理倦怠感，因此，有必要开展以学年度为一个完整周期的主题创建活动，以统筹大学精神和大学文化建设工作。

主题创建活动的开展具有重要作用。首先，主题创建活动因其主题的确定是以学校的发展战略为目标，是为实现学校的提升和发展服务的，因此对学校的总体工作起到思想上的保障作用；其次，主题创建活动作为一所学校一学年“三全育人”工作的核心内容，对学校总体的“三全育人”工作起主导、标杆的作用；再次，主题创建活动作为学校校园文化软环境建设的重要组成部分，对全校师生员工，特别是大学生的思想政治品德的形成具有潜移默化的作用；最后，主题创建活动因其内容丰富和形式的多样性，对大学生综合素质拓展起到重要的辅助作用。

（七）以物质、制度和精神三个层面的文化建设为着力点，加强校园环境建设和校园文化阵地建设

大学的精神文化是内隐而无所不在的，表现在组织成员共同的价值观念、道德准则和情感气质之中，是一所大学整体面貌、水平、特色及凝聚力、感召力和生命力的体现。物质、制度和精神三个层面的文化并不能孤立存在，三方相互制约、相互促进、相互影响、相互转换，缺一不可，其间存在着对立统一的辩证关系。制度文化是大学建设的基础，包括与高等教育相关的法律法规、学校管理体制及其规章制度、组织机构和运行机制、特定的行为规范等。大学物质文化也叫作外显文化，它以某种符号为载体，能够通过一定程序化的组织活动将大学精神显现于学校的各种标记物之中，如富有创造感召力的校牌、校徽、校服、大型壁画、雕塑和博物馆等。更进一步，大学物质文化还包括一批高水平、结构合理的课程和学科专业，一支具有人格魅力、学术造诣深和善于治学育人的教师队伍，一个现代化的图书馆、实验室和校园网以及健康向上的校园文化环境。在精神文化方面，要凝练传统精神，弘扬与时俱进的时代精神，统一学校成员的群体意识、形成良好的精神风貌。塑造大学校园文化，加强校园环境建设和校园文化阵地建设，就要通过塑造大学精神文化来带动制度文化的改良并反作用于物质文化，达到三者有机结合，浑然一体，同步发展的目的。

综上所述，大学的终极目的就是育人，学生和谐人格的培养在于学校文化是否具有和谐的理念，校园文化精神中是否有和谐的要素存在，个人与个人的和谐，个人与社会的和谐，个人与自然的和谐是高校“三全育人”的最终诉求。

和谐的大学校园文化，其终极诉求就是和谐人格的建立。提升大学校园文化品位，培育大学校园文化品牌，不能只在外围理念做文章，比如引进多少知名学者，“海归”博士，出多少精品课程和科研项目等。无疑，这些都是大学校园文化十分重要的组成部分，也是烘托大学校园文化品牌的重要资源，但是，目前出现了本末倒置的情况。优秀资源的引进是为学生的全面发展服务的，而不是学校之间进行比较的资本和手段。因此，文化建设中的和谐的观照正是一种纠偏，一种匡正，这才是大学校园文化的关键词与核心宗旨，唯有此，才能真正结出优秀大学校园文化的硕果。那么，如何将和谐融入校园文化的塑造中呢？师生关系是大学中最重要、最持久的关系之一，我们以此为例说明和谐的师生关系应该基于哪些要素：教师与学生既有其各自的独立性与自主性，又有主体间的依赖性；教师与学生

在相互交往中既传达各自的认知、情感、态度与价值观，同时又具有个性化的自我，在不断的互动中既有冲突又有共识，体现一种教育民主性。这样，师生之间就会出现一种既有个性又有共性、相互融洽、交流分享的和谐景象，从而形成一种理想的、趋于至善的、共生的关系。养成良好的教风、学风及工作作风，确立并遵守相互尊重、相互爱护、平等相待、民主团结的基本规范，是实现大学教师与学生之间和谐关系的主要标志。

参 考 文 献

[1] 骆郁廷. 思想政治教育原理与方法[M]. 北京：北京师范大学出版社，2020.

[2] 邓演平. 大学生思想政治教育论[M]. 长沙：湖南大学出版社，2010.

[3] 孟兆怀，韦磊. 高校思想政治教育研究热点问题[M]. 北京：北京师范大学出版社，2010.

[4] 吴嘉敏. “三全育人”的理论与实践：基于上海海洋大学的探索[M]. 上海：上海三联书店，2021.

[5] 吴玉程. 新时代高校思想政治工作“三全育人”探索[M]. 北京：知识产权出版社，2020.

[6] 岳修峰. 普通高等学校三全育人研究[M]. 北京：社会科学文献出版社，2018.

[7] 宁秋娅. 厚土育金：中国农业大学“三全育人”理论与实践[M]. 北京：中国农业大学出版社，2020.

[8] 何独明. 新时期高校思想政治工作与教学管理研究. 成都：西南交通大学出版社，2010.

[9] 张福记，李纪岩. 高校思想政治教育研究[M]. 成都：四川出版集团，2009.

[10] 苏建永，樊传明，吴兆方. 思想道德修养与法律基础[M]. 北京：经济科学出版社，2010.

[11] 陈建华. 思想道德修养[M]. 南昌：江西高校出版社，2007.

[12] 钱振林. 思想道德修养与法律基础[M]. 北京：中国人民大学出版社，2010.

[13] 张耀灿，郑永廷，吴潜涛，等. 现代思想政治教育学[M]. 北京：人民出版社，2006.

[14] 罗洪铁，周琪，张家建. 思想政治教育学原理[M]. 重庆：西南师范大学出版社，2009.

[15] 卢新文. 新时期大学生思想政治教育创新研究[M]. 西安：西安地图出版社，2010.

[16] 刘新庚. 现代思想政治教育方法论[M]. 北京：人民出版社，2006.

[17] 杨绍安，王安平，刘惠. 现代思想政治教育学原理[M]. 成都：西南交

通大学出版社，2013.
[18] 钟瑞添，阳国亮. 高校德育体系论[M]. 桂林：广西师范大学出版社，2006.
[19] 苗丽芬，谭属春，王波. 大学生日常思想政治教育实效性研究[M]. 北京：高等教育出版社，2009.
[20] 张秀容，韦磊. 高校思想政治教育研究热点问题[M]. 北京：北京师范大学出版集团，2010.
[21] 倪福全，李昌文. 大学生社会实践教程[M]. 北京：中国水利水电出版社，2011.
[22] 张福记，李纪岩. 高校思想政治教育研究[M]. 成都：四川出版集团，2009.
[23] 林樟杰. 高等学校思想政治工作新认知[M]. 上海：上海教育出版社，2009.
[24] 张鸿燕. 网络环境与高校德育发展[M]. 北京：首都师范大学出版社，2009.
[25] 陈华洲. 思想政治教育方法论[M]. 武汉：华中师范大学出版社，2010.
[26] 李宣海. 大学生思想政治教育创新的理论与实践思考[M]. 上海：上海教育出版社，2007.
[27] 吴铎，罗国振. 道德教育展望[M]. 上海：华东师范大学出版社，2001.
[28] 中共中央宣传部. 毛泽东邓小平江泽民论思想政治工作[M]. 北京：学习出版社，2000.
[29] 褚海萍. 大学生思想政治教育专论[M]. 成都：西南交通大学出版社，2012.
[30] 马克思恩格斯全集：第1—3卷[M]. 北京：人民出版社，1979.
[31] 马克思恩格斯选集：第1—4卷[M]. 北京：人民出版社，1995.
[32] 马克思. 资本论：第1卷[M]. 北京：人民出版社，1975.
[33] 毛泽东选集：第1—3卷[M]. 北京：人民出版社，1991.
[34] 毛泽东著作选读[M]. 北京：人民出版社，1986.